Verlag Frank-Daniel Schulten

Dr. Robert Means Lawrence

# HUFEISENZAUBER

## Mythen und Magie eines Glücksbringers

Herausgegeben von Frank-Daniel Schulten

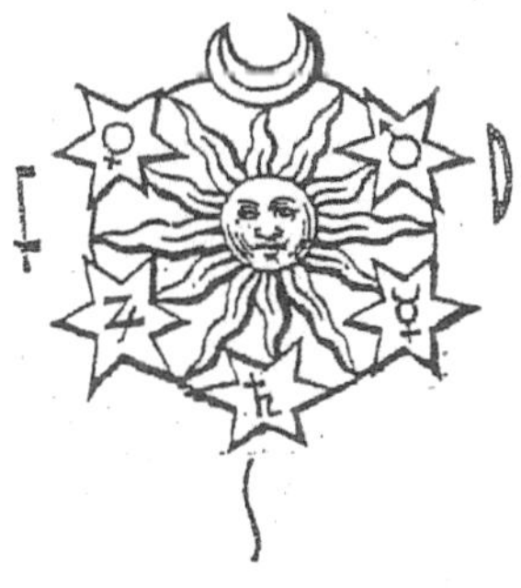

Verlag Frank-Daniel Schulten

Die Originalausgabe erschien 1898 zu London im Verlag *Gay and Bird* unter dem Titel: *„The Magic of the Horse-Shoe"*. Die Vorlage stammt aus der Sammlung Daniel Hornfisher.

Lektorat, Übersetzung, Ergänzungen, zusätzliche Anmerkungen und Korrekturen: Frank-Daniel Schulten.

1. Auflage, Juli 2024.

*Verlag Frank-Daniel Schulten*, Iserlohn.
www.fulcanelli.de.
schulten-verlag@gmx.de
Druck: BoD GmbH, Norderstedt.

Umschlaggestaltung: Grete C. Söcker, Emden.
Coverphoto: Pixabay. © by Benjamin Nelan.



Printed in Germany.
ISBN 10: 3-932961-58-7.
ISBN 13: 978-3-932961-58-8.

# INHALT

## Vorwort

Das Studium des Ursprungs und der Geschichte des Volksglaubens und seiner Vorstellungen bietet einen sonst unerreichbaren Einblick in die Gedankenwelt vergangener Tage. Daher werden der Aberglauben, wie trivial er auch sein mag, sowie heidnische Überbleibsel, die man oftmals mit wucherndem Wildwuchs vergleichen kann, heutzutage durchaus als geeignete Themen der wissenschaftlichen Forschung angesehen. Während der unwissende Mensch ein Sklave vieler abergläubischer Vorstellungen ist, die sein Handeln bestimmen, strebt der Gebildete danach, sich von derlei Fesseln zu befreien. Aus diesem Grund erkennt man das Studium all jener Glaubensvorstellungen als gewinnbringend an. Die Unterschiedlichkeit des aus so vielen Quellen stammenden Materials hat es schwierig, wenn nicht gar unmöglich, gemacht, eine systematische Behandlung dieses Themas vorzunehmen.

Die Entwicklung eines weit verbreiteten Interesses an allen Zweigen der Volkskunde in den letzten Jahren rechtfertigt jedoch die Hoffnung, dass jedes Buch, welches diesem Thema gewidmet ist und das auf einer einigermaßen sorgfältige Forschung beruht, trotz seiner Unvollkommenheit einen gewissen Wert besitzen kann. Der erfahrene Volkskundler mag viel zu kritisieren haben, aber dieses Werk, das sich mit populären Glaubensvorstellungen befasst, ist auch für die breite Leserschaft gedacht. Es war das Ziel des Autors, das Thema „Hufeisen“ so umfassend wie möglich zu behandeln, da jenes interessante Symbol des Aberglaubens bislang nicht die Aufmerksamkeit erhalten zu haben scheint, die es verdient. Dieses Buch ist das Ergebnis eines Vortrags, der auf der siebten Jahrestagung der *American Folk-Lore Society* am 28. Dezember 1895 in Philadelphia gehalten wurde und von dem eine Zusammenfassung im Dezember 1896 im Journal derselben Gesellschaft erschien.

*Dr. Robert Means Lawrence*
*Boston, 1. September 1898.*

## I. Die Geschichte des Hufeisens

*Und immer noch sah sie an mancher Nachbartür das gebogene Amulett des Hufeisens.*
(Whittier, *The Witch's Daughter*)

*Glücklich bist du, als hieltest du jeden Tag ein Hufeisen in der Hand.*
(Longfellow, *Evangeline*)

Die Entwicklung des modernen Hufeisens aus dem primitiven Hufbeschlag für Zugtiere, wie er in der Antike verwendet wurde, bietet ein fruchtbares Thema für eine Untersuchung. Xenophon und andere Historiker empfahlen verschiedene Verfahren zur Härtung bzw. Verstärkung der Pferde- und Maultierhufe. Aus diesem negativen Beweis haben einige Autoren gefolgert, dass die Alten keinerlei Kenntnis vom Hufbeschlag hatten. Tatsächlich scheint es gesichert zu sein, dass die Praxis des Schutzes der Pferdehufe bei den Griechen und Römern nicht allgemein verbreitet gewesen ist. Fabretti, ein italienischer Altertumsforscher, untersuchte sorgfältig die Pferdedarstellungen auf zahlreichen Säulen und Marmorskulpturen des Altertums und fand lediglich ein einziges Beispiel, in dem das Pferd tatsächlich beschlagen war. In den meisten anderen Artefakten antiker Kunst fällt das eiserne Hufeisen nur durch seine Abwesenheit auf.[1]

Auf dem Mosaik der Schlacht von Issus, das 1831 in Pompeji ausgegraben wurde und das sich heute im Museum von Neapel befindet, ist jedoch die Figur eines Pferdes zu sehen, dessen Hufe mit Hufeisen beschlagen zu sein scheinen, welche den heutigen ähneln[2], und in einer alten finnischen Beschwörungsformel gegen die Pest, die in Lenormants *„Chaldäische Magie und Zauberei"* zitiert wird, finden sich diese Zeilen:

*„O Geißel, entweiche, Pest, entweiche!*
*Ich will ein Ross dir geben, mit dem du fliehen kannst,*
*Dessen Schuhe auf dem Eise nicht gleiten*
*Und dessen Füße auf den Felse nicht rutschen."*

*Römische Reiter bei der Jagd.*

In den frühen veterinärmedizinischen Schriften findet man keinen Hinweis auf das Hufeisen. Andererseits existieren vielfältige Zeugnisse dafür, dass die Alten mitunter die Hufe ihrer Lasttiere schützten. Der preußische Kunsthistoriker Winckelmann beschreibt einen gravierten Stein aus der Antike, der einen Mann darstellt, welcher einen Pferdehuf hochhält, während ein kniender Gehilfe ein Hufeisen daran anbringt.[3]

In den Werken des römischen Dichters Catullus findet sich das Gleichnis vom „eisernen Schuh" eines Maultiers, das im Schlamm steckt.[4] Zeitgenössische Historiker berichten, dass Kaiser Nero seine Maultiere mit Silber[5] beschlagen ließ, während goldene Beschläge die Hufe der Lasttiere der berüchtigten Kaiserin Poppaea schmückten.[6] Ein eisernes Hufeisen wird von Appian[7] erwähnt, einem Schriftsteller, der sich jedoch nicht unbedingt durch Genauigkeit auszeichnet. Aber die Formulierung „Pferde mit Messingfüßen", die in Homers *Ilias* auftaucht, wird von Kommentatoren lediglich als metaphorischer Ausdruck für Stärke und Ausdauer angesehen. Umhüllungen aus geflochtenen Fasern wie Hanf oder Ginster wurden indes von den Alten zum Schutz der Pferdehufe verwendet.[8] Die gebräuchlichste Form der Hufbedeckung für Tiere scheint jedoch eine Art Ledersocke oder -sandale gewesen zu sein, die manchmal mit einer Eisensohle versehen war. Dieser Überzug wurde mit Riemen um die Fesseln befestigt und konnte leicht entfernt werden.[9]

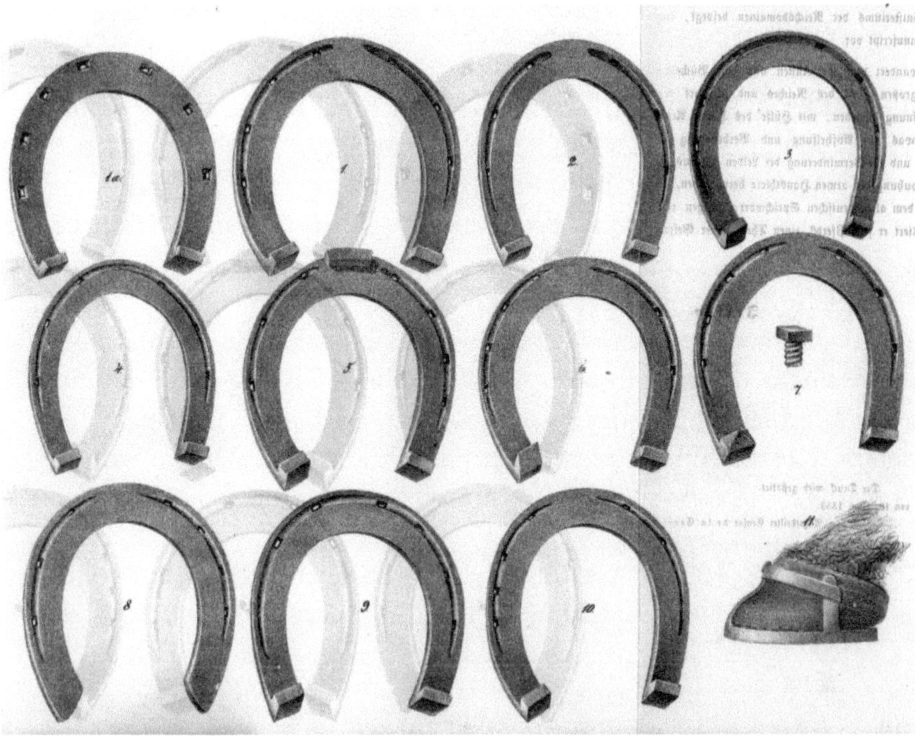

Eiserne Hufeisen von spezieller Form, die in den letzten Jahren in Großbritannien ausgegraben wurden, sind für die Archäologen von großem Interesse. Im Jahre 1878 wurden an einem Ort namens Caesar's Camp in der Nähe von Folkstone (England) eine Reihe solcher für den Huf geformten und für das Einschlagen von Nägeln durchbohrten Relikte entdeckt.[10] Auch im Süden Schottlands grub man antike Hufeisen aus, die aus einem massiven Stück Eisen bestehen, die den gesamten Huf bedecken und überaus schwer sind. Im Jahr 1653 wurde im Grab von Childeric I., König der Franken, der 481 n. Chr. starb, ein Eisenstück gefunden, das einem Hufeisen ähnelte und neun Nagellöcher aufwies.

Professor N. S. Shaler glaubt, dass das eiserne Hufeisen im vierten Jahrhundert erfunden wurde. Aus der Tatsache, dass man es wegen seiner halbmondähnlichen Form zuerst *„Selene"* – also „der Mond", nannte, leitet er ab, dass es seinen Ursprung in Griechenland hatte.[11] Aber sogar im neunten Jahrhundert wurden in Frankreich Pferde nur zu besonderen Anlässen mit Eisen beschlagen[12], und die frühen Briten, Sachsen und Dänen scheinen keine grundlegenden Kenntnisse der Hufschmiedekunst besessen zu haben. Man vermutet, dass in England die moderne Kunst des Hufbeschlags von den Normannen unter Wilhelm dem Eroberer generell eingeführt wurde.[13] Wahrscheinlich erhielt Henry de Ferrars, der diesen Monarchen begleitete, seinen Nachnamen, weil er mit der Inspektion der Hufschmiede betraut war. Das Wappen seiner Nachkommen trägt auf jeden Fall noch immer sechs Hufeisen.[14]

Am Tor von Oakham Castle, einem alten normannischen Herrenhaus in Rutlandshire, das von Wakelin de Ferrars, dem Sohn des ersten Grafen dieses Namens, erbaut wurde, war in früheren Zeiten eine Reihe von Hufeisen mit verschiedenen Mustern angebracht.

Dieses Anwesen ist berühmt für die Tribute, welche die Barone forderten, die darin wohnten. Jeder Adlige, der durch das Gebiet reiste, musste nämlich als Huldigung ein Hufeisen jenes Pferdes, auf dem er ritt, abgeben oder es mit einer Geldsumme ablösen. Die so erhaltenen Hufeisen wurden dann an das Tor genagelt. Heute befinden sie sich jedoch innerhalb der Schlossmauern.

Jene Wände sind daher mit den Andenken an königliche Pfründe und an Adelige bedeckt, welche dergestalt den Pflichten dieser Grafschaft Tribut gezollt haben.[15]

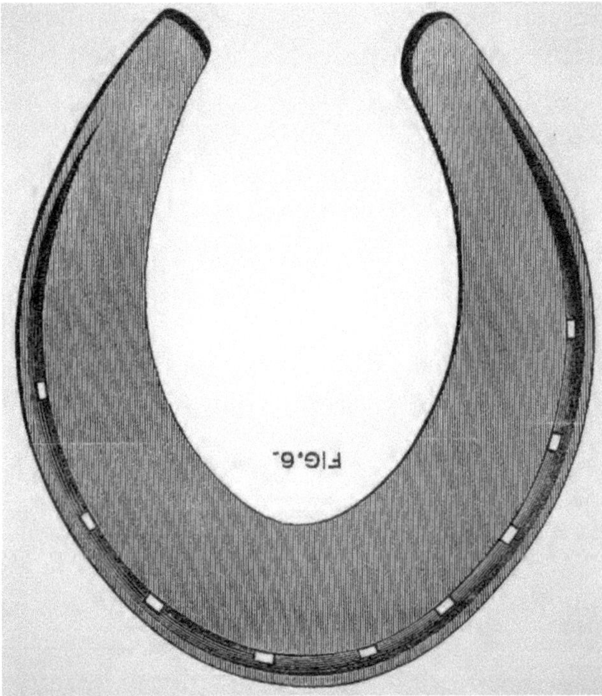


Zuweilen wird behauptet, dass Königin Elisabeth diese Vorschrift ursprünglich ins Leben gerufen hat, was jedoch nicht korrekt ist. Die dazugehörige Legende besagt, dass sie einst ihren Lord Schatzmeister William Cecil Lord Burleigh in seiner Residenz bei Stamford besuchte. Bei der Durchquerung von Oakham soll ihr Pferd ein Hufeisen abgeworfen haben. Zur Erinnerung an dieses Missgeschick ordnete die Königin an, dass ein großes Hufeisen angefertigt und im Schloss aufgehängt werden sollte. Jeder Adlige, der fortan durch die Stadt reiste, hatte ihrem Beispiel zu folgen.

Ein ähnlicher Brauch existiert noch heute dort. Dabei liefern die Spender allerdings neue, ungebrauchte Hufeisen in Formen und Größen, die sie selbst auswählen.[16]

Als John of Gaunt (1339–1399), der Sohn Edwards III. von England, durch die Stadt Lancaster ritt, warf sein Pferd ein Hufeisen ab, das von den Einwohnern der Stadt als Andenken aufbewahrt und in der Mitte der Straße befestigt wurde. Nach einem alten Brauch plazieren die Bewohner der *„Horse Shoe Corner"* alle sieben Jahre ein neues Hufeisen an derselben Stelle.[17]

Der praktische Wert des Hufeisens wird in dem alten deutschen Sprichwort *„Ein Nagel bewahrt ein Land"* auf den Punkt gebracht. – Der Nagel hält nämlich das Hufeisen an seinem Platz, das Hufeisen schützt den Huf des Pferdes, das Pferd trägt den Ritter, der Ritter hält die Burg, und die Burg verteidigt das Land.

Die folgende Geschichte aus Grimms *„Hausmärchen"*[18] wollen wir an dieser Stelle zitieren, da sie dieselbe Idee illustriert und darüber hinaus noch eine Moral besitzt.

### *Der Nagel*

Ein Kaufmann hatte auf dem Jahrmarkt ein gutes Geschäft gemacht. Er hatte seine Waren verkauft und seine Geldsäcke mit Gold und Silber gefüllt. Dann wollte er die Heimreise antreten und vor Einbruch der Nacht in seinem Hause sein. Also packte er seine Kiste mit allem Geld auf sein Pferd und ritt los. Mittags rastete er in einer Stadt, und als er weiterreiten wollte, holte der Stallbursche sein Ross heraus und sagte: „Es fehlt ein Nagel im Huf des linken Hinterbeins, Herr." „Mag er fehlen", antwortete der Kaufmann, „das Hufeisen wird gewiss für die sechs Meilen, die ich noch zu gehen habe, dranbleiben. Ich bin in Eile!" Am Nachmittag, als er wieder ausstieg und sein Pferd füttern ließ, kam der Stallbursche zu ihm und sagte: „Herr, am linken Hinterbein Eures Pferdes fehlt ein Hufeisen, soll ich es zum Schmied bringen?" „Lass es ruhig fehlen", antwortete der Mann, „das Pferd kann die paar Meilen, die noch bleiben, sehr gut durchhalten. Ich bin in Eile." Er ritt weiter, doch schon bald begann das Pferd zu lahmen. Es hinkte nicht lange, bevor es zu stolpern begann, und es stolperte nicht lange, bevor es hinfiel und sich das Bein brach. Der

Kaufmann war gezwungen, das Pferd stehen zu lassen, die Truhe abzuschnallen, sie auf den Rücken zu nehmen und zu Fuß nach Hause zu gehen. Und dort kam er erst spät in der Nacht an. „Und dieser jämmerliche Nagel", sprach er zu sich selbst, „hat dieses ganze Unglück verursacht." – Eile mit Weile!

## II. Das Hufeisen als Schutzsymbol

*Deine Frau ist eine Hexe,*
*Mann, ein Hufeisen solltest an deine Zimmertür du nageln.*
(Sir Walter Scott, *Redgauntlet*)

Die Nützlichkeit des eisernen Hufeisens als praktisches Utensil zum Schutz der Pferdehufe ist seit langem allgemein bekannt. Seit Jahrhunderten wird es darüber hinaus aber auch – sogar in weit voneinander entfernten Ländern – als Amulett[i] verwendet, um Gebäude oder Grundstücke vor den Machenschaften von Hexen und Unholden zu schützen.

Für den Volkskundler muss ein solcher Aberglaube, der in der Vergangenheit einen derart großen Einfluss auf die Gemüter der Menschen ausgeübt hat, und der auch in unserer Zeit noch weit verbreitet ist, von besonderem Interesse sein. Was waren nun die Gründe für die weit verbreitete Verwendung des Hufeisens als Glücksobjekt? Es ist unser Ziel, die verschiedenen Theorien der Reihe nach zu betrachten.

Bei den Römern existierte der Brauch, Nägel in die Wände von Häusern zu schlagen, um sich vor der Pest zu schützen. Die Ursprün-

---

[i] Der Verfasser hat im Original die Begriffe „Amulett" und „Talisman" an vielen Stellen gleichbedeutend verwendet. Dies ist jedoch nicht korrekt. – Ein Amulett dient dazu, etwas Schädigendes abzuwehren, wohingegen ein Talisman die Wirkung besitzt, etwas Positives, Förderndes anzuziehen. Wir haben dies überall stillschweigend im Text korrigiert, wo der Bezug eindeutig ist. (Anmerkung Frank-Daniel Schulten).

ge sowohl dieser Tradition als auch der späteren Praxis des Annagelns von Hufeisen sollen einigen Historikern zufolge auf den Ritus des jüdischen Passahfestes zurückgehen. – Das Tierblut, das bei dieser großen Feier auf die Türpfosten und den Türsturz gesprengt wurde, bildete die Hauptpunkte eines Bogens. Daher könnte es sein, dass die Menschen in diesem Sinne das Hufeisen als bogenförmigen Talisman betrachteten, und so wurde es später zum allgemeinen Glückssymbol.

Derselbe Gedanke mag der Tradition der Bauern im Westen Schottlands zugrundeliegen, die Ebereschenzweige bzw. Ebereschen in Form eines Bogens über ein Hoftor spannen, um ihr Vieh vor Unheil zu bewahren.

## III. Hörner und andere zweizinkige Gegenstände

Die übernatürlichen Eigenschaften des Hufeisens als Schutzmittel gegen imaginäre Dämonen werden auch auf seine gegabelte Form zurückgeführt. Früher ging man nämlich davon aus, dass jedes Objekt mit zwei Spitzen oder Zacken für diesen Zweck geeignet sei. Wie bei anderen mondsichelförmigen Symbolen beruht dieser Glaube ursprünglich zweifellos auf der Form des Mondes in bestimmten seiner Phasen.

Daraus leiten einige Autoren den Glauben an die angebliche Wirksamkeit von Hufeisen, Hörnern und Stoßzähnen, Vogel- und Wildtierkrallen sowie von Hummer- und Krebsscheren als Amulette ab. Dies sieht man auch in den oft zitierten Zeilen aus Robert Herricks *„Hesperiden“*:

*„Hänget Haken und auch Scheren auf,*
*Um zu ängstigen die Hexe,*
*Welche die Stute reitet.“*

*Eine Hexe wirkt Schadenszauber, sie erzeugt Unwetter und tötet das Vieh. Holzschnitt, ca. 15./16. Jahrhundert.*

Das Horn des sagenhaften Einhorns, das in Wirklichkeit nichts anderes als jenes des Nashorns ist, wird als Amulett überaus geschätzt. In Westafrika, wo die Hörner wilder Tiere als Symbol der Abschreckung weit verbreitet sind, verwendet man ein großes, mit Schlamm gefülltes Horn, an dessen unterem Ende drei kleinere Hörner befestigt sind, als Vorkehrung, um Sklaven an der Flucht zu hindern.[19]

In der Nähe von Mirzapur in Zentral-Hindustan binden die Horwas ihren Kindern die Wurzeln von Dschungelpflanzen als Schutzzauber um den Hals. Man nimmt an, dass ihre Wirksamkeit auf ihrer Ähnlichkeit mit den Hörnern bestimmter Wildtiere beruhen soll.

Die nordindischen Mohammedaner verwenden ein komplexes Amulett, das zu einem Teil aus einer Tigerkralle besteht sowie aus zwei nach außen gerichteten Großeulenkrallen.[20] In Südeuropa behängt man die Maultierhälse dagegen mit zwei Eberhauern oder mit den Hörnern einer Antilope.

*Der Apis-Stier mit Mondsichel darüber.*

Amulette in Form von Hörnern und Halbmonden sind auch bei den Neapolitanern sehr beliebt.[21] Elworthy zitiert zur Veranschaulichung dieser Tatsache ausführlich aus der *„Mimica degli antichi"* von Andrea de Jorio.[22] Aus dieser Quelle erfahren wir, dass die Hörner von sizilianischen Ochsen und Stieren beim Adel und der Aristokratie als Schutz vor dem Bösen Blick gebräuchlich sind. Man kann sie häufig an ihren Häusern und in ihren Gärten sehen. Hirschgeweihe werden dagegen von Lebensmittelhändlern und Apothekern bevorzugt. Die unteren Klassen begnügen sich indes mit den Hörnern von Widdern und Ziegen. Die Sizilianer binden an die kleinen Hörner, die sie als Glücksbringer tragen, zusätzlich ein Stück rotes Band, was ihre Wirksamkeit erheblich verstärken soll.

In Südspanien, insbesondere in Andalusien, ist das Hirschhorn ein weit verbreitetes Amulett. Die einheimischen Kinder tragen ein solches Horn mit einer Silberspitze. Es hängt an einer geflochtenen Schnur aus den Haaren eines schwarzen Stutenschwanzes um ihren Hals. Man glaubt, dass wenn man einen Bösen Blick auf das Kind richtet, so wird das Horn ihn abfangen. Daraufhin zerbricht es, wodurch sich der schädigende Einfluss zerstreut.[23]

Bei den Arabern glaubt man, dass Hornamulette den Bösen Blick eines Feindes unschädlich machen, und in den Wüstenoasen sieht man gehörnte Rinderschädel als Schutzzauber über den Türen der dortigen Behausungen.[24]

Auf Lesbos werden Ochsenschädel oder jene von anderen Horntieren an Bäumen oder Pfählen befestigt, um den Bösen Blick vom Getreide und den Früchten fernzuhalten.[25]

In der Mongolei werden Antilopenhörner wegen ihrer angeblichen magischen Eigenschaften geschätzt. Wahrsager und Zauberer glauben, aus der Beobachtung ihrer ringförmigen Strukturen, Hinweise auf die Zukunft abzuleiten. Die Mongolen legen ebenfalls großen Wert auf Peitschenstiele, die aus diesen Hörnern gefertigt sind, und sie behaupten, dass ihr Gebrauch die Ausdauer ihrer Pferde fördert.[26]

Da ihre Hörner den Tieren sowohl als Angriffs- als auch als Verteidigungswaffe dienen, wurden sie im Bewusstsein der Menschen schon früh mit der Vorstellung von besonderer Macht verbunden. So gestaltete man in der Antike die Ecken von Altären in Form von Hörnern, zweifellos um die Majestät und Kraft jenes Wesens zu symbolisieren, dem zu Ehren man Opfer darbrachte.[27]

Der folgende Mythos ist ebenfalls ein Beispiel für das Horn als ein Symbol der Stärke: Die Bauern von Bannti, einem Bezirk im Punjab, glauben, dass Gott die neu geschaffene Welt auf das Horn einer Kuh gesetzt hat. Die Kuh liegt auf den Rücken eines Fisches, und der Fisch wiederum auf einem Stein. Worauf jedoch der Stein ruht, wagen sie nicht zu erraten. In ihrer Glaubenswelt entsteht daher jedes Mal, wenn die Kuh ihren Kopf schüttelt, ein Erdbeben.[28]

Die Siamesen schreiben den Hörnern und Stoßzähnen bestimmter Tiere heilsame Eigenschaften zu, und ihre Arzneibücher enthalten ein recht komplexes Rezept, das als Fiebermittel verwendet wird. Seine Hauptbestandteile sind die pulverisierten Hörner von Nashörnern,

Bisons und Hirschen, Elefantenstoßzähne sowie die Zähne von Bären, Tigern und Krokodilen. Diese werden mit Wasser vermischt, und die Hälfte der daraus resultierenden Mixtur wird eingenommen, der Rest auf den Körper gerieben.[29]

*Abwehrgeste: Die gehörnte Hand.*

Die *mano cornuta*, die „gehörnte Hand", die klassische Hexen-Abwehr-Geste wird in Süd- und Mittelitalien sehr häufig verwendet. Ihr hohes Alter ist durch ihre Darstellung auf antiken Gemälden belegt, die man in Pompeji ausgegraben hat.[30] Sie besteht darin, die beiden mittleren Finger zu beugen, während die anderen in Nachahmung eines Hörnerpaars ausgestreckt sind. Wenn die Hand in dieser Position auf eine feindselige Person gerichtet wird, soll der schädigende Einfluss ihres Blickes gebrochen werden.[31]

In F. Marion Crawfords Roman „*Pietro Ghisleri*" gilt eine der Figuren, Laura Arden, in der römischen Gesellschaft als *Jettatrice*, d.h. als jemand, der den Bösen Blick besitzt. Ein solcher Ruf, der einer Person anhaftet, zieht die gesellschaftliche Ächtung nach sich. In der Gegenwart jener unglücklichen Person wurde jede Hand verborgen, um mit ihr diese Abwehrgeste auszuführen, und bei der bloßen Erwähnung ihres Namens stieß ganz Rom mit „Hörnern zu". Niemand sprach sie an, ohne die Finger auf diese bewährte Weise zu krümmen, es sei denn, er trug ein mächtiges Amulett bei sich.

Es ist eine erstaunliche Tatsache, dass die Fähigkeit des Bösen Blicks jeder Person zugeschrieben werden kann, unabhängig von ihrem Charakter oder ihrer Stellung. So glaubte man, Papst Pius IX. habe diese schädigende Macht besessen, und viele fromme Christen pflegten, während sie auf ihren Knien seinen Segen erwarteten, ihm in der oben erwähnten Stellung heimlich die Hand entgegenzuhalten.[32]

In einem Artikel über „*Asiatische Symbolik*" im „*Indian Antiquary*"[33] schreibt H. G. M. Murray-Aynsley in Bezug auf neapolitanische Amulette gegen den Bösen Blick, dass sie wahrscheinlich von griechischen Kolonisten asiatischer Abstammung in Süditalien eingeführt wurden, die sich in Cumm und anderen Orten in dieser Gegend niederließen. Gleichgültig, ob sie Hörner oder Halbmonde darstellen sollen, sie sind Überbleibsel eines alten chaldäischen Sinnbilds. Nichts wird leichter übernommen als ein Symbol, und die Menschen des Altertums pflegten jedem Zeichen eine magische Bedeutung zuzuschreiben.[34]

Die heutigen Griechen wie auch die Italiener tragen kleine Anhänger, welche eine Hand mit dieser Abwehrgeste darstellen.[35]

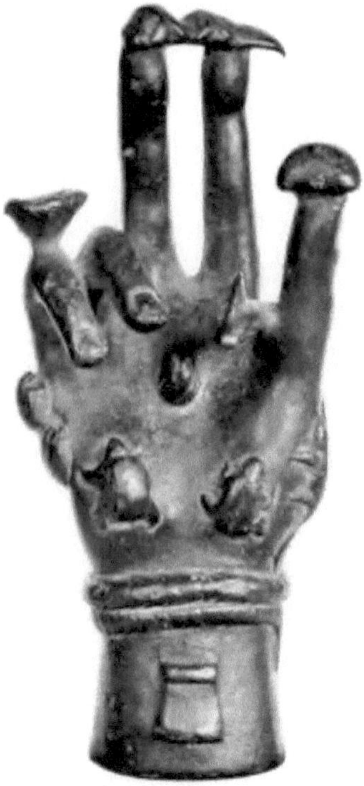

*Altrömisches Amulett mit Abwehrgeste.*

Aber nicht nur in Südeuropa existiert der Glaube an die besonderen Eigenschaften von zweizinkigen Gegenständen. In Norwegen werden nämlich ebenfalls Rentierhörner über den Türen der Bauernhäuser angebracht, um Dämonen zu vertreiben.[36] Auch die prächtigen Geweihe, welche die Anwesen erfolgreicher Jäger in unserem Lande schmücken, werden von ihren Besitzern zweifellos oft als wertvoller erachtet denn als bloße Jagdtrophäen, weil die traditionellen Vorstellungen ihnen solcherlei übernatürliche Eigenschaften zuschreiben.

In Frankreich gilt ein Stück Hirschhorn als Schutzmittel gegen Hexerei und Krankheiten, während in Portugal an Stangen befestigte

Ochsenhörner in Melonenbeete gelegt werden, um die Früchte vor verdorrenden Blicken zu schützen.

Bei den Osseten, einem Stamm im Kaukasus, flechten die Frauen ihr Haar in Form eines Gamshorns, das sich nach vorne über die Stirn wölbt und auf diese Weise eine „talismanische Frisur“ bildet. Wenn ein Moslem sein Kind auf eine Reise mitnimmt, malt er ihm einen Halbmond zwischen die Augen, oder er tätowiert dasselbe Symbol auf dessen Körper. Auch heutige Griechen bringen als Schutzzauber eine Krabbenklaue auf den Köpfen ihrer Kinder an.[37]

Im Nordafrika gebraucht man die Hörner von Tieren ganz allgemein als Amulette. Dabei ist stets die Vorstellung damit verbunden, dass gezackte Gegenstände Dämonen und Böse Blicke abwehren.

Hörner werden in östlichen Ländern als Schmuck für Kopfbedeckungen verwendet, und sie dienen zudem als Rangabzeichen. Sie sind oft aus Edelmetall gefertigt, manchmal auch aus Holz. Die *Tantura*, welche die Drusen auf dem Libanonberg in Syrien auf dem Kopf tragen, besitzt ebenfalls diese Form.[38]

In den bulgarischen Dörfern Mazedoniens und Thrakiens ist die sogenannte „weise Frau“, welche die Berufe der Hexe und der Hebamme vereint, eine wichtige Person. Unmittelbar nach der Geburt eines Kindes stellt sie einen Erntehaken in eine Ecke des Zimmers, um unliebsame Geister fernzuhalten. Die Wirksamkeit dieses Amuletts ist zweifellos zum Teil auf seine Form zurückzuführen, die große Ähnlichkeit mit einem Hufeisen aufweist.

*Festmahl der Hexen und Teufel. Holzschnitt, 17. Jahrhundert,*

In Albanien wiederum wird eine Sichel, mit der soeben Stroh geschnitten wurde, für einige Sekunden auf den Bauch eines neugeborenen Kindes gelegt. Dies soll die Dämonen, welche Koliken verursachen, daran hindern, ihren Einfluss auszuüben.[39]

Die magischen[ii] Fähigkeiten der Gabelform beschränken sich jedoch nicht nur auf ihre Wirkung, den Blick eines bösen Auges oder andere schädliche Einflüsse abzuwehren. – Wünschelruten sollen nämlich aus derselben Besonderheit ihrer Gestalt ihre übernatürliche

---

[ii] An dieser sowie an verschiedenen anderen Stellen hat der Autor im Original den Begriff „mystisch" verwendet. Da diese Bezeichnung jedoch nicht korrekt ist, haben wir sie in der deutschen Ausgabe durchgehend korrigiert. (Anmerkung Frank-Daniel Schulten).

Kraft beziehen, um Wasser oder Metalle aufzuspüren, wenn erfahrene Hände sie führen.

## IV. Das Symbol der offenen Hand

Das Symbol einer offenen Hand mit ausgestreckten Fingern war in früheren Zeiten ein beliebtes Amulett. Es prangte beispielsweise an den Eingängen von Behausungen im alten Karthago. Man findet es ebenfalls auf lybischen und phönizischen Gräbern sowie auf keltischen Monumenten in der Bretagne.[40]

Dr. H. C. Trumbull zitiert Belege verschiedener Autoren, die zeigen, dass dieses Symbol noch immer in verschiedenen Ländern des Orients gebräuchlich ist. Im einstigen Babylonien ist das Bild einer roten, ausgestreckten Hand häufig auf Häusern und Tieren zu sehen, und in Jerusalem wird dasselbe Zeichen oftmals über der Tür oder auf dem Türsturz angebracht, weil es angeblich den Bösen Blick abwehrt. Die spanischen Juden in Jerusalem malen das Bild einer roten Hand auf die Türen ihrer Häuser, und sie legen ihren Kindern silberne, handförmige Amulette auf den Kopf. Von ihnen glauben sie, dass sie schädlich für feindselige Personen sind, die Unheil über die Kinder oder über andere Mitglieder des Haushalts bringen wollen.

In verschiedenen Teilen Palästinas findet man das Symbol der offenen Hand gleichermaßen an den Häusern von Christen, Juden und Moslems, meist in blauer Farbe auf oder über der Tür gemalt.[41]

Claude Reignier Conder, R. E., weist in seinem Werk *„Heth und Moab"* auf das hohe Alter dieses heidnischen Emblems hin, das sowohl auf römischen Standarten als auch auf Shivas Zepter in Indien erscheint. Er ist der Meinung, dass die Figur der roten Hand, ob sie nun auf irischen Kreuzen, in indischen Tempeln oder auf mexikanischen

Gebäuden auftaucht, immer dieselbe ursprüngliche Vorstellung besitzt, nämlich die eines Schutzsymbols.

Ein weißer Handabdruck ist an den Türen und Fensterläden jüdischer und muslimischer Häuser in Beirut und anderen syrischen Städten weit verbreitet. Selbst die christlichen Bewohner dieser Orte markieren mitunter ihre Fenster und Mehlkästen mit diesem Emblem, nachdem sie die Hand in Tünche getaucht haben, um „kalte Februarwinde von alten Menschen abzuwenden und dem Scheffel Glück zu bringen“.[42]

In Deutschland wird aus den Stengeln grober Pflanzen ein rohes Amulett in Form einer offenen Hand geformt, das als Schutz gegen verschiedenes Ungemach sowie Zauberei gilt. Es wird „die Hand des Heiligen Johannes“ oder „die Hand des Glücks“ genannt.

Die jüdischen Matronen in Algerien befestigen kleine goldene Hände an den Mützen ihrer Kinder bzw. an deren Glasperlenketten, und sie selbst tragen ähnliche Glücksbringer.

Im Nordwesten Schottlands erwartet man von jedem, der ein Haus betritt, in dem gerade Butter zubereitet wird, dass er seine Hand auf das Butterfass legt. Damit soll er zeigen, dass er keine bösen Absichten gegen den Buttermacher hegt, und eventuelle Auswirkungen des Bösen Blicks sollen so zerstreut werden.[43]

Als Zaubermittel gegen böswillige Einflüsse verwenden die Araber in Algerien grobe Zeichnungen, die eine offene Hand darstellen. Sie werden entweder über den Eingängen ihrer Behausungen oder an den Türen angebracht – eine symbolische Übertragung der bekannten arabischen Verwünschung: „Fünf Finger in dein Auge!“ Oftmals wird die gleiche Bedeutung durch fünf Linien vermittelt, von denen eine kürzer als die anderen ist, um den Daumen zu symbolisieren:[44]

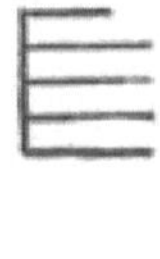

## V. Der Halbmond sowie Amulette in Halbmond-Form

Der angebliche Einfluss der Zu- und Abnahme des Mondes auf das Wachstum und Wohlergehen der Vegetation war früher allgemein anerkannt. So heißt es in einem Almanach aus dem Jahre 1661, dass:

„Wenn jegliches Korn, Samen oder Pflanze entweder sechs Stunden vor oder nach dem Vollmond im Sommer gesetzt oder gesät wird, oder vor dem Neumond im Winter, verbunden mit dem kosmischen Aufgang von Arkturus und Orion, (…) ist es anfällig für Brand und Mehltau.“[45]

Das Holz wurde immer bei abnehmendem Mond geschlagen, und dieser Aberglaube war so fest verwurzelt, dass im französischen Forstgesetzbuch entsprechende Anweisungen festgelegt waren.

Ein alter englischer Almanach riet den Landwirten, die Schweine bei zunehmendem Mond zu schlachten, da „der Speck dann besser zum Kochen geeignet ist“.

Sogar in der heutigen Zeit gibt es im einfachen Volk in den verschiedenen Ländern eine Fülle von Glaubenssätzen über den Mond. So glauben zum Beispiel die Schwarzen in der Umgebung von Washington, D. C., dass Kartoffeln vor dem Neumond gepflanzt werden sollten, damit sie gut gedeihen, und bei den Farbigen und den Indigenen des Staates Missouri wird der richtige Zeitpunkt für das Abstillen eines Babys oder eines Kalbes durch die Mondphasen bestimmt.

Die Mondanbetung war eine der ältesten Formen der Naturreligionen, und sie wird bei einigen östlichen Völkern noch immer praktiziert. Ein Überbleibsel dieser Praxis findet sich in einigen Teilen Großbritanniens in dem Brauch, sich vor dem Neumond zu verbeugen.

Astrologen betrachteten den Mond als eine mächtige Einflusskraft auf die Gesundheit und das Schicksal der Menschen, abhängig von seinem Aspekt und seiner Position zum Zeitpunkt ihrer Geburt. So wird er in einem *„Handbuch der Astrologie"* von Raphael[46] als ein „kalter, feuchter, wässriger, phlegmatischer Himmelskörper beschrieben, der am Guten oder Bösen teilhat, je nachdem, wie er von guten oder bösen Sternen aspektiert wird."[47]

Man glaubte, dass der zunehmende, „gehörnte" Mond einen geheimnisvollen, segensreichen Einfluss nicht nur auf viele landwirtschaftliche Tätigkeiten ausübt, sondern auch auf die Angelegenheiten des täglichen Lebens. Daher entstand zweifellos der Glaube an den Wert von halbmondförmigen und gehörnten Objekten als Amulette und Talismane. Davon ist das Hufeisen das am häufigsten verfügbare und daher das am allgemeinsten verwendete.

*Die Mondgöttin Diana, Herrin der Jagd.*

Die Astrologen der alten Zeit, ob sie nun zukünftige Ereignisse vorhersagten oder Ratschläge bezüglich geeigneter Termine und Jahreszeiten für geschäftliche Angelegenheiten gaben, stellten zunächst fest, ob der Mond gut aspektiert war oder nicht. Dies war auch ein wesentlicher Gesichtspunkt bei den Magiern der späteren Jahrhunderte. Und sollte jemand einen Beweis für den modernen Glauben an lunare Einflüsse benötigen, möge er Zadkiels *„Almanach für das Jahr 1898"* konsultieren. Darin wird angegeben, dass, wenn die Sonne in einem wohltätigen Aspekt mit dem Mond steht, es ein geeigneter Tag sei, um Gefallen zu erbitten, Arbeit zu suchen oder wenn man eine Reise zu Heilungszwecken unternehmen will.

*Venus* in einem positiven Aspekt mit dem Mond ist günstig für das Umwerben, Heiraten, den Besuch von Freunden, die Einstellung von Dienstmädchen und die Suche nach Vergnügungen.

*Mars:* um Chirurgen zu konsultieren und mit Ingenieuren und Soldaten zu verhandeln.

*Jupiter:* für die Eröffnung von Büros und Geschäftsstellen sowie für die Gründung neuer Unternehmen.

*Saturn:* für den Umgang mit Landwirten, Bergleuten und älteren Menschen, für den Kauf von Immobilien und für das Pflanzen und Säen.

Denn, so behauptet dieser Almanach, die Astrologen haben aus Erfahrung festgestellt, dass die menschlichen Angelegenheiten reibungslos verlaufen, wenn man die oben genannten Anweisungen befolgt.

In seinem Werk *„The Evil-Eye"*[48] macht Frederick Thomas Elworthy darauf aufmerksam, dass ein Halbmond häufig auf den Köpfen einiger der mächtigsten ägyptischen Gottheiten zu sehen ist. Wurde er daher als Talisman getragen, war er somit auch ein Symbol ihrer Anbetung. Der Halbmond war aber nicht nur in der religiösen Symbolik des Alten Ägyptens, sondern auch jener Assyriens und Indiens weit verbreitet. Die hebräischen Jungfrauen zur Zeit des Propheten Jesaja trugen halbmondförmige Ornamente auf dem Kopf.[49]

Der Halbmond ist das bekannte Symbol der türkischen Religion. Der Überlieferung nach versuchte Philipp von Makedonien (ca. 382–336), der Vater Alexanders des Großen, während einer Belagerung von Byzanz die Stadtmauern zu untergraben. Doch dieser Versuch wurde den Bewohnern durch das Licht des Halbmondes verraten. Daraufhin errichteten sie eine Statue der Diana und nahmen die Mondsichel als ihr Symbol an.

*Links: Die Mondgöttin Diana mit Mondsichel-Diadem. Rechts der Jäger Actaeon mit Geweih auf der Stirn.*

Als das Byzantinische Reich 1453 von Mohammed II. gestürzt wurde, betrachteten die Türken das allenthalben verwendete Abbild der Mondsichel als ein günstiges Zeichen. Sie machten sie daher zu ihrem eigenen Emblem, und seitdem ist sie das unverwechselbare Symbol des Islam geblieben.

Im Bewusstsein der Muslime ist der Neumond eng mit Andachtshandlungen verknüpft. Sein Erscheinen wird sehnlichst erwartet und „(…) in jenem Augenblick, in dem das Auge auf den zarten Silberstreif in der westlichen Dämmerung fällt, verharrt es dort, während Dankesgebete und Lobpreisungen rezitiert werden. Dabei hält man die Hände neben das Gesicht, die Handflächen nach oben und geöffnet. Anschließend führt man sie dreimal über das Gesicht, wobei der Blick unbeweglich bleibt.“[50]

Goldene Halbmonde in unterschiedlichen Größen gehören zu den ursprünglichsten Formen des Geldes. Antike Münzen trugen häufig die Abbilder von Volksgottheiten oder deren Symbole, und von letzteren scheint die Sichel das am häufigsten verwendete gewesen zu sein.[51] Sie war ein verbreitetes Münzzeichen der Geldstücke von Thespia zu Beginn des vierten Jahrhunderts vor Christus.[52] Auf den Münzen aus der Regierungszeit von Augustus, Nero und anderen römischen Kaisern erscheint sie ebenfalls, und auf den Silberstücken aus der Zeit Hadrians findet man die zunehmende Mondsichel, umringt von sieben Sternen.[53]

Ein Halbmond schmückte auch den Kopf der Göttin Diana in ihrer Gestalt als Hekate, der Herrscherin über die höllischen Regionen.

*Die Mondgöttin Diana als Hekate, Herrin der Unterwelt. Kupferstich, ca. 18. Jahrhundert.*

Hekate galt als Herrin der Zauberei, und sie war auch die Hüterin und Beschützerin der Häuser und ihrer Pforten.[54] Die Griechen trugen nicht nur Amulette in Form des Halbmondes, sondern sie brachten sie auch zur Schadensabwehr an den Wänden ihrer Häuser an[55]. Die Römer wiederum schmückten die Stirn und die Brust ihrer Pferde mit *Phalerae.* Dies waren halbmondförmige Metallscheiben.

*Die dreigesichtige Hekate. Holzschnitt, 16. Jahrhundert.*

Derartige Ornamente entdeckt man auch auf den Pferdedecken, die auf der Trajanssäule und auf anderen antiken Monumenten dargestellt sind. Sie tauchen ebenso in der Sammlung römischer Antiquitäten im *British Museum* sowie auf mittelalterlichen Gemälden und Wandteppichen auf.[56]

In den Darstellungen der Kämpfe zwischen Römern und Dakern auf dem Konstantinsbogen sind die Pferdegeschirre beider Armeen mit diesen Emblemen verziert.[57] Dies gilt auch für die Zügel eines Pferdes in einem französischen Manuskript aus dem fünfzehnten Jahrhundert, das ein „Zusammentreffen von Edelleuten zu Pferde" darstellt.[58]

Anhänger mit ähnlicher Form, die aus Wolfszähnen und Eberhauern gefertigt sind, fand man in Grabhügeln in verschiedenen Teilen Großbritanniens.

Ein Grabstein, der neben anderen gallo-römischen Relikten im Schloss von Chinon (Frankreich) aufbewahrt wird, zeigt das Bildnis eines aufrecht stehenden Mannes, der mit einer großen Tunika mit weiten Ärmeln bekleidet ist. Über dieser Figur befindet sich ein halbmondförmiges Objekt, ein Symbol, das man auch sonst häufig auf den Grabmälern dieser Epoche findet.[59]

Die Verwendung solcher Symbole, obwohl sie weit in der Geschichte zurückreicht, ist jedoch keineswegs überholt. Ein Halbmond aus Messing – ein Zauber gegen den Bösen Blick–, ist sehr häufig an den kunstvoll verzierten Geschirren der neapolitanischen Zugpferde angebracht, und er wird im Osten zur Verzierung von Elefantenfellen verwendet. Auch in verschiedenen Teilen Europas und im heutigen England wird er noch in ähnlicher Weise gebraucht. In Deutschland trägt man noch immer kleine halbmondförmige Amulette gegen den Bösen Blick, die den antiken *Lunulae* [Möndchen] ähneln.

*Diana auf ihrem Wagen, auf ihrem Haupt die Mondsichel.*

In Schweden und Friesland stellt der Brautschmuck für Kopf und Hals oftmals die Mondscheibe im ersten Viertel dar, und es ist Brauch, einem frisch vermählten Paar nachzurufen: „Nimm zu, o Mond.“[60]

Elworthy merkt an, dass das Hufeisen, wo immer man es als Talisman verwendet, als der förderliche irdische Repräsentant des Halbmondes gilt, und dass das buddhistische Mondsichel-Emblem eine Hufeisenform darstellt, deren Krümmung einem gotischen Bogen gleicht.

Die Echte Mondraute [Botrychium lunaria], ein Farn, verdankt ihre angeblichen magischen Kräfte der Sichelform ihrer Wedel-Segmente. Einige Autoren halten sie für identisch mit dem *Martagon*[iii], einem einstmals von Magiern häufig verwendeten Kraut, und auch mit der italienischen Zauberpflanze *Sferracavallo.*[iv]

Dem berühmten Astrologen und Kräuterkundler Nicholas Culpeper zufolge besaßen diese Mondrautenfarne bestimmte okkulte Tugenden, vor allem die Fähigkeit, Schlösser zu öffnen und Pferden die Hufeisen vom Huf zu ziehen. Er merkt an, dass viele Gelehrte auf diese Vorstellungen mit Verachtung herabschauten. Der volkstümliche Name für die Mondraute unter der einfachen Landbevölkerung indes lautete „Unbeschlagenes Pferd".[61]

Du Bartas schreibt in seinem Werk *„Divine Weekes"* über diese Pflanze:

„Wenn Pferde auf grasbewachsenen Hügeln fressen und dabei mit ihren hohlen Hufen auf ein Mondkraut treten, traben nachts barhuf nach Hause, selbst wenn sie kurz zuvor beschlagen wurden, und ihr Herr fragt sich, wo ihre Hufeisen wohl geblieben sein mögen. – O Mondkraut, verrate mir, wo du den Schmied mit Hammer und Zange verborgen hast, der sie entschlägt."

Das Hufeisen wurde manchmal auch mit dem Kreuz assoziiert, und man nahm an, dass es seine glücksbringende Kraft aus einer vermeintlichen Ähnlichkeit mit dem heiligen christlichen Symbol bezieht. Da es jedoch schwierig ist, eine ausgeprägte äußerliche Übereinstimmung

---

[iii] Türkenbund-Lilie (Lilium martagon). (Anmerkung Frank-Daniel Schulten).

[iv] Schopfiger Hufeisenklee (Hippocrepis comosa). (Anmerkung Frank-Daniel Schulten).

zwischen dem Halbmond und dem Kreuz zu entdecken, scheint diese Theorie keine ernsthaften Überlegungen zu rechtfertigen.

## VI. Das Metall Eisen als Schutzzauber

Einige Autoren behaupten, dass das mit dem Hufeisen verbundene Glück vor allem auf sein Metall zurückzuführen sei, unabhängig von seiner Form, da Eisen und Stahl als traditionelle Zaubermittel gegen böse Geister und Kobolde gelten. Ihrer Ansicht nach ist ein Hufeisen einfach ein Stück Eisen von anmutiger Form und nützlicher Gestalt. Weil es üblicherweise sieben Nagellöcher (eine magische Zahl) besitzt, ist es ein praktisches Amulett, das man gemäß eines ehrwürdigen, durch jahrhundertelange Gewohnheit tradierten Brauches leicht an der Tür eines Hauses oder eines Stalls anbringen kann.

Am Alter des Glaubens an die übernatürlichen Eigenschaften des Eisens kann kein Zweifel bestehen. Bei den alten Galliern galt dieses Metall als dem bösen Prinzip geweiht, und nach einem Fragment aus den Schriften des ägyptischen Historikers Manetho (ca. 275 v. Chr.) wurde Eisen in Ägypten als „Knochen des Typhon“ oder „Teufelsknochen“ bezeichnet, denn Typhon war in der ägyptischen Mythologie die Personifikation des Bösen.[62]

Plinius schreibt in seiner „*Naturgeschichte*“, dass eiserne Sargnägel, die am Türsturz befestigt sind, die Bewohner des Hauses vor den nächtlichen Heimsuchungen herumstreunender Geister schützen. Er erwähnt ebenfalls, dass Eisen wertvolle Kräfte als Schutzmittel gegen böse Hexen und ihre Zaubereien besitzt, und dass sowohl Erwachsene als auch Kinder es verwenden können. Zu diesem Zweck sei es nur notwendig, mit einem Stück des Metalls einen Kreis um sich selbst zu ziehen oder ein Schwert dreimal um den Körper zu schwingen. Außerdem sollten sanfte Stöße mit einem Schwert, mit dem schon ein Mensch verwundet wurde, mancherlei Schmerzen lindern, und selbst Eisenrost besaß eine eigene Heilkraft:

„Wenn ein Pferd mit Hufeisen beschlagen wird, die aus einem Schwert geschmiedet sind, mit dem ein Mann erschlagen wurde, dann wird es sehr schnell und behende sein und niemals ermüden, gleichgültig, wie hart es geritten wird.“[63]

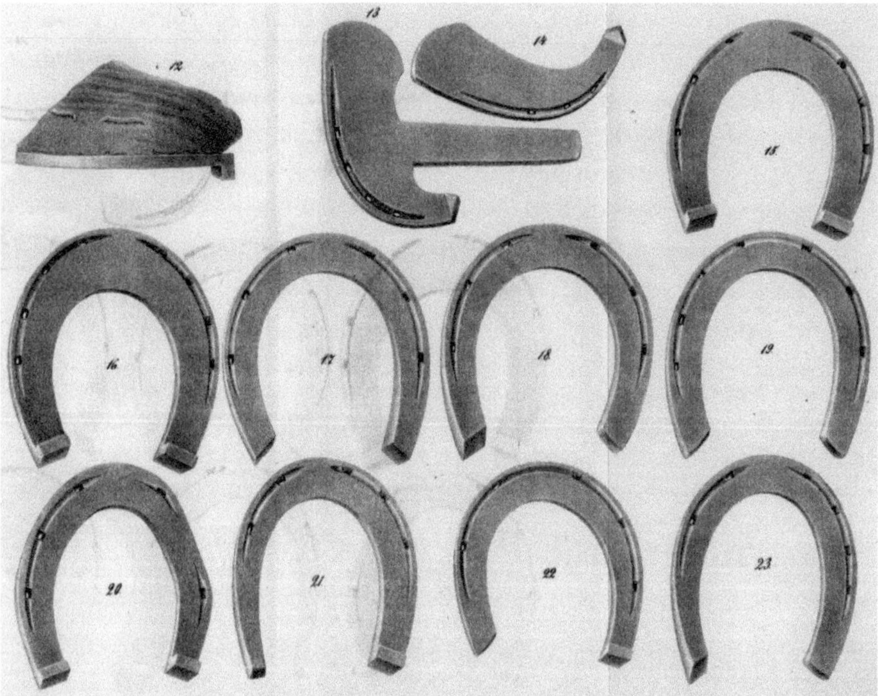

Der uralte Glaube an die magische Kraft von Eisen und Stahl zeigt sich in zahlreichen nordischen Überlieferungen. Eine schwedische Legende erzählt beispielsweise:

„Einst hütete eine junge Hirtin in einem Värmlander Wald ihr Vieh. Da das Wetter kalt und regnerisch war, trug sie ihr Feuerzeug mit Feuerstein und Stahl bei sich, wie es in diesem Lande üblich ist. Da kam eine Riesin mit einer Schatulle daher und bat das Mädchen, diese aufzubewahren, solange sie fort war, um Freunde zur Hochzeit ihrer Tochter einzuladen.

Ganz unbedacht legte das Mädchen ihren Feuerstahl auf das Kästchen, und als die Riesin zurückkehrte, um ihr Eigentum zu holen, da konnte sie es nicht berühren, denn Stahl stößt große und auch kleine Trolle ab. So trug die Hirtin das Schatzkästlein nach Hause, in dem sich eine goldene Krone und andere Kostbarkeiten befanden."[64]

Die heidnischen Nordmänner glaubten an die Existenz eines Geschlechts zwergenhafter Handwerker, die in der Metallbearbeitung geübt waren und in ihren unterirdischen Werkstätten Kriegsgeräte herstellten. Man glaubte auch, dass diese Gnomen in abgelegenen Felsen wohnten. Wenn ein Mensch zufällig einem von ihnen begegnete und geschwind ein Stück Stahl zwischen ihn und seine Behausung warf, konnte er damit den Zwerg an der Rückkehr hindern und von ihm verlangen, was er wollte.[65]

Bei den Frankokanadiern werden Glühwürmchen mit abergläubischen Augen als leuchtende böse Kobolde betrachtet, und Eisen und Stahl sollen die wirksamsten Schutzmittel dagegen sein. Ein Messer oder eine Nadel, die in den nächstbesten Zaun getrieben werden, sollen den nächtlichen Wanderer vor diesen Wesen schützen. Dann verletzen sie sich nämlich entweder daran, oder sie erschöpfen sich bei dem Versuch, durch das Nadelöhr zu gelangen so sehr, dass sie vorübergehend unschädlich sind.[66] Solche Auswüchse des Volksglaubens mögen höchst trivial erscheinen, doch sie unterstreichen den alten und weitverbreiteten Glauben an die magischen Eigenschaften, die bestimmten Metallen zugeschrieben werden.

Nach einem weit verbreiteten Glauben besaß das Eisen einen himmlischen Ursprung. Daher pflegten diverse Völker des Altertums seine Entdeckung bzw. Erfindung einer Lieblingsgottheit oder mythischen Persönlichkeit beizulegen: Osiris wurde auf diese Weise von den Ägyptern ausgezeichnet, Vulkan von den Römern und Wodan (bzw. Odin) von den Germanen.

In früheren Zeiten war die Verwendung von Eisen in der Kunst aufgrund seines glanzlosen Aussehens und seiner Sprödigkeit stark eingeschränkt. Außerdem existierte bei den Römern ein gewisses religiöses Vorurteil gegen dieses Metall, dessen Verwendung bei verschiedenerlei Zeremonien absolut untersagt war. Dieser Glaube scheint darauf zurückzugehen, dass eiserne Waffen und ihre Träger für das Vergießen von Menschenblut verantwortlich waren, denn Schwerter, Messer, Streitäxte, Lanzen- und Speerspitzen sowie andere Kriegsgeräte wurden ja aus diesem Metall gefertigt.[67]

*Schmiede bei der Arbeit. Holzschnitt, 16. Jahrhundert.*

Man glaubt, dass die Dämonen des Orients, die Dschinn, durch die bloße Erwähnung des Wortes „Eisen" ausgetrieben werden können[68], und die Araber versuchen, wenn sie in der Wüste von einem Sandsturm [„Simum", d.h. „Giftwind"] überrascht werden, diese bösen Geister mit dem Ruf „Eisen, Eisen!" zu vertreiben.[69]

Da es sich bei den Dschinn um mythische Wesen aus vorgeschichtlichen Zeiten handelt, soll das vergleichsweise moderne Metall für sie unangenehm sein. In Skandinavien und in den nordischen Ländern im Allgemeinen ist Eisen ebenfalls ein uraltes magisches Mittel gegen die Tücken der Zauberer.

Die Chinesen tragen manchmal außerhalb ihrer Kleidung ein Stück einer alten eisernen Pflugspitze als Talisman[70], und sie pflegen auch den Brauch, lange Eisennägel in bestimmte Baumarten zu schlagen, um einige besonders gefährliche weibliche Dämonen zu vertreiben, die sie heimsuchen.[71]

Die alten Iren hängten ihren Kindern krumme Hufnägel als Glücksbringer um den Hals[72], und in der deutschen Volksüberlieferung findet sich der altehrwürdige Aberglaube, dass ein zufällig gefundener und in den Kamin getriebener Hufnagel dem Besitzer sein gestohlenes Eigentum zurückbringt. In Irland gilt Eisen noch heute als heiliges und glücksbringendes Metall, das Diebe nur ungern stehlen.[73]

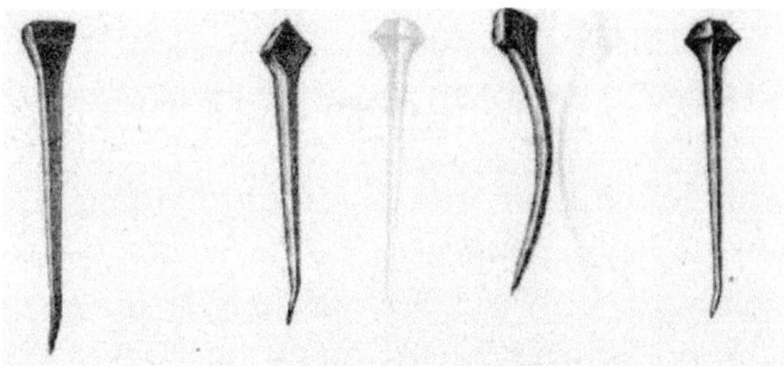

*Hufnägel. Kupferstich, 19. Jahrhundert.*

Eine keltische Legende besagt, dass der Name *Iron-land* bzw. Irland wie folgt entstanden ist: Die smaragdgrüne Insel war einst bis auf eine kurze Periode in jedem siebten Jahr vollständig überflutet, und zu diesen Zeiten versuchten immer wieder Fremde, auf ihrem Boden zu landen. Dies war jedoch erfolglos, da die vorrückenden Fluten die kühnen Eindringlinge stets verschlangen. Schließlich verkündete eine himmlische Offenbarung, dass die Insel nur dann aus dem Meer gerettet werden könne, wenn man ein Stück Eisen auf sie werfe, während sie kurzfristig über dem Meeresspiegel lag. Ein wagemutiger Abenteurer nutzte diese Erkenntnis und warf zum angegebenen Zeitpunkt sein Schwert aufs Land. Dadurch wurde der Zauber gebrochen, und Irland blieb seitdem über dem Wasser.

Man glaubt also, dass das Eisen es war, das Irland vom Meer zurückerobert hat, und das Talisman-Symbol dieser Rückholung ist das eiserne Hufeisen.[74] Aufgrund dieser Tradition wird der Fund von Eisen von den Iren immer als Glücksfall angesehen. Wenn dieser Schatz dann noch die Gestalt eines Hufeisens besitzt, wird er über der Haustür aufgenagelt.

Es war einmal vor langer Zeit – so lautet eine ukrainische Überlieferung –, da fanden einige Männer ein Stück Eisen. Nachdem sie vergeblich versucht hatten, es zu essen, versuchten sie, es durch Kochen in Wasser zu erweichen. Dann rösteten sie es und hämmerten es anschließend mit Steinen. Während sie dergestalt arbeiteten, fragte der Teufel, der sie beobachtet hatte: „Was fertigt ihr da?", und die Männer antworteten: „Einen Hammer, mit dem man den Teufel schlagen kann." Daraufhin fragte Satan, woher sie denn den dazu nötigen Sand hätten. – Von da an begriffen die Menschen, dass Sand für die Eisenbearbeitung unentbehrlich ist. Fortan konnten sie mit der Herstellung von Eisenwerkzeugen beginnen.[75]

Auch für die schottischen Fischer ist Eisen mit magischen Eigenschaften erfüllt. Wenn also einer von ihnen bei seiner Arbeit flucht, rufen die anderen sofort: *„Cauld aim!"* [cold iron/kaltes Eisen]. Jeder ergreift ein handliches Stück dieses Metalls als Gegenmittel gegen das Unglück, das sie sonst den ganzen Tag verfolgen würde.[76] Auch heute noch sieht man in England in Ermangelung eines Hufeisens gelegentlich die Eisenplatten jener schweren Schuhe, welche die Landarbeiter tragen, an den Türen ihrer Hütten befestigt.[77]

Als in früheren Zeiten im schottischen Hochland der Glaube an die Existenz bösartiger Elfen herrschte, standen Eisen und Stahl als

Schutz vor den Besuchen dieser Feen in hohem Ansehen, denn sie waren manchmal so dreist, junge Mütter zu entführen. Dann zwangen sie die Bedauernswerten, als Ammen für ihren eigenen Nachwuchs zu dienen. Eines Abends, vor vielen Jahren, ließ ein Bauer namens Ewen MacDonald aus Duldreggan seine Frau und sein kleines Kind im Hause zurück, während er zu einer Besorgung aufbrach. Da hörte er beim Überqueren eines Baches, der in der gälischen Sprache *„das Bächlein des Messers"* genannt wird, ein seltsames Raunen, begleitet von einem Seufzer. Sofort erkannte er, dass die Feen seine Frau entführten. Daher warf er im Namen der Dreifaltigkeit ein Messer in die Luft, um die Macht der Geistwesen zu brechen, und seine Frau fiel vor ihm zu Boden.[78]

In der skandinavischen und schottischen Volksüberlieferung gibt es eine ausgeprägte Affinität zwischen Eisen und Feuersteinen. Die „Elfenbolzen", wie man die prähistorischen Pfeilspitzen aus Feuerstein nannte, waren einst als Zaubermittel gegen mancherlei böse Einflüsse sehr geschätzt: Man trug sie sie als Amulette, nahm sie als „magisches Reinigungsmittel" für das Trinkwasser des Viehs, oder man nutzte sie, um die Nachstellungen der Feen abzuwenden. Vermutlich haben Eisen und Stahl als Ersatz für den Feuerstein, der im rauhen Leben der Ur-Völker so nützlich gewesen ist, dessen uralte magische Eigenschaften übernommen.

Auf den Hebriden bestand ein beliebtes Zaubermittel gegen die Machenschaften von Zauberern darin, Feuersteinstücke sowie ungehärteten Stahl in die Milch von Kühen zu legen, die angeblich verhext worden waren. Diese Milch wurde dann abgekocht, und man glaubte, dass dieser Vorgang die Bosheiten der Hexe oder des Zauberers vereiteln würde.[79]

Die Feen der schottischen Tiefebene benutzten Pfeile mit weißem Feuersteinspitzen, mit denen sie auf das Vieh der ihnen unliebsamen Personen schossen. Die damit zugefügten Wunden waren unsichtbar, außer für gewisse Personen, die mit übernatürlicher Schau ausgestattet waren.[80]

Einem kornischen Volksglauben zufolge besitzt Eisen die Kraft, die Wassergeister zu bändigen, und wenn man es über Bord wirft, können die Seefahrer selbst bei rauher See sicher an einer felsigen Küste landen.[81]

Ein ähnlicher Aberglaube existiert auch auf den Orkney-Inseln in Bezug auf einen bestimmten Felsen an der Küste von Westray. Man sagt, wenn jemand mit einem Stück Eisen in der Hand auf diesen Felsen tritt, wird das Meer augenblicklich aufgewühlt. Es beruhigt sich erst dann, wenn man diese magische Substanz ins Wasser wirft.[82]

Die Bewohner der felsigen Insel Timor im Indischen Archipel tragen Eisenstücke bei sich, um sich vor allen möglichen Missgeschicken zu bewahren, so wie der Londoner Cockney seinen Glückspfennig, seinen krummen Sixpence oder seinen durchlöcherten Schilling sorgfältig hütet. In Hindustan werden häufig Eisennägel zum Schutz über einer Tür oder in die Beine eines Bettgestells eingeschlagen.

Ein mittelalterlicher französischer Hochzeitsbrauch bestand darin, der Braut einen Ring aus einem Hufeisennagel an den Finger zu stecken[83], – sozusagen als magische Versicherung für eine glückliche Empfängnis.

In Sizilien werden Eisenamulette häufig gegen den Bösen Blick eingesetzt. – Eisen in jeder Form, insbesondere aber das Hufeisen, gilt dort als wirksam in dieser Hinsicht. Aber auch allen anderen Metallen werden schutzbringende Eigenschaften zugeschrieben. Wenn also ein Sizilianer das Gefühl hat, „böse angeblickt" zu werden, berührt er sogleich den erstbesten verfügbaren Metallgenstand, z.B. seinen Uhrenanhänger, seine Schlüssel oder Münzen.[84]

Im alten Babylon und Assyrien glaubte man, dass unsichtbare Dämonen während des Essens und Trinkens in den Körper eindringen und auf diese Weise Krankheiten hervorrufen können. Der Glaube an dämonische Besessenheit als Ursache von Gesundheitsstörungen ist bei Naturvölkern auch heute noch weit verbreitet. Überall dort, wo es solche Vorstellungen gibt, werden daher selbstverständlich Amulette eingesetzt, um die Machenschaften dieser niederen Dämonen zu bekämpfen, und von all diesen Schutzmitteln gelten Eisen und Stahl vielleicht als die wirksamsten.

In Deutschland ist es in den ärmeren Schichten durchaus üblich, dass Gegenstände wie Messer, Beile und Schneidewerkzeuge im Allgemeinen sowie Feuereisen, Eggen, Schlüssel und Nadeln als Schutzmittel gegen Krankheiten angesehen werden, wenn man sie direkt am Leib des Kranken oder auch nur in seiner Nähe plaziert.[85]

In Marokko ist es Brauch, einen Dolch unter das Kopfkissen des Patienten zu legen[86], und in Griechenland wird ein Messer mit schwarzem Griff verwendet, um den Nachtmahr zu vertreiben.

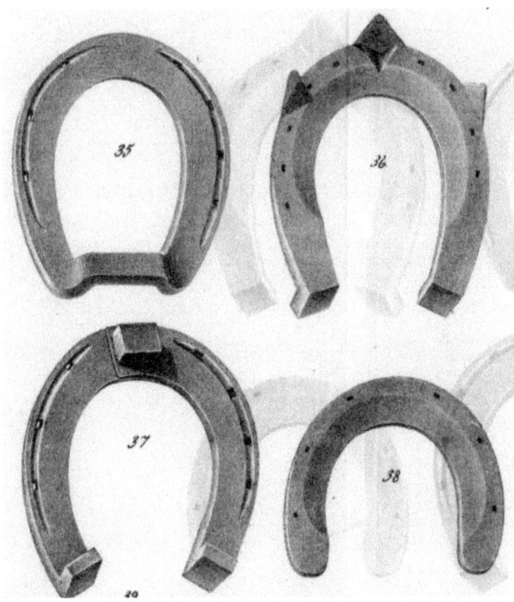

In Deutschland gelten kreuzweise gelegte Eisengeräte als wirksamer Schutz für Säuglinge gegen Hexen, und in der Schweiz werden zwei Messer bzw. ein Messer und eine Gabel in die Wiege unter das Kopfkissen gelegt. In Böhmen verwendet man dazu ein mit einem Kreuz versehenes Messer, und in Bayern eine geöffnete Schere. In Westfalen legt man eine Axt und einen Besen kreuzweise auf jene Schwelle, über die das Kindermädchen beim Betreten des Zimmers gehen soll.[87]

Die therapeutischen Wirkungen des Eisens und seine Verwendung als Medikament gehören nicht zu unserem Thema; und in der Tat sind weder der eiserne Hufbeschlag noch seine symbolische Darstellung in der Volksmedizin häufig verwendet worden. Professor Sepp erwähnt in seinem Werk über die Religion der frühen Deutschen jedoch ein volkstümliches Heilmittel gegen Keuchhusten. Es bestand darin, den Patienten von einem hölzernen Teller essen zu lassen, auf dem die Figur eines Hufeisens eingebrannt war.

In Frankreich besteht ein beliebtes Allheilmittel gegen Kinderkrankheiten darin, dem Kind ein zufällig gefundenes Hufeisen mit den darin verbliebenen Nägeln aufzulegen. In Mecklenburg wiederum glaubt man, Magenbeschwerden durch das Trinken von Bier, das über ein rotglühendes Hufeisen gegossen wurde, erfolgreich behandeln zu können.[88]

Plinius schrieb einem abgeworfenen Hufeisen, das auf der Straße gefunden wurde, Heilkräfte zu. Dem Finder wurde empfohlen, ein solches Hufeisen sorgfältig aufzubewahren. Sollte er jemals in Zukunft von Schluckauf geplagt werden, würde die bloße Erinnerung an die genaue Stelle, an der das Hufeisen gelegen hatte, als Heilmittel für diesen manchmal hartnäckigen Zustand dienen.[89]

In Bayern ist ein beliebtes angebliches Mittel gegen Leistenbrüche bei Kindern folgendes: Aus einem Hufeisen, in dem alle Nägel zurückgeblieben sind, und das von einem Pferd tatsächlich verloren wurde, nimmt man einen Nagel. Wenn der nächste Neumond auf einen Freitag fällt, muss man vor Sonnenaufgang auf ein Feld oder in einen Obstgarten gehen und diesen Nagel mit drei Schlägen in eine Eiche oder einen Birnbaum – abhängig vom Geschlecht des Kindes – einschlagen. Dabei soll man dreimal den Namen Christi anrufen und sich anschließend vor dem Baum auf den Boden knien und ein Vaterunser beten. Dies ist ein Beispiel für eine Gattung von heilkundlichen Maßnahmen, die bei den Bauern in verschiedenen Teilen Deutschlands nicht unüblich sind: eine Mischung aus einem abergläubischen Zauber mit religiösen Zeremonien.[90]

Eine originelle Theorie begründet den Ursprung des Glaubens an die magischen Eigenschaften des Eisens mit seiner chirurgischen Verwendung in Form von Brenneisen und Lanzetten.[91] – In beiden Fällen wurde die heilende Wirkung des Metalls (ob erhitzt oder in Form eines schneidenden Messers), von abergläubischen Gemütern auf okkulte Kräfte dieser Instrumente zurückgeführt. Dadurch würden die Dämonen, welche die Krankheit verursacht hätten, in die Flucht geschlagen.

In Nordindien glauben die Bewohner, dass böse Geister derart einfältig sind, dass sie gegen die scharfe Kante eines Messers laufen und sich somit selbst verletzen. Darüber hinaus verwenden sie Eisenringe zur Dämonenabschreckung, wobei diese Amulette die doppelte Wirkung des Eisens und der heiligen Kreisform besitzen.[92]

Die Einwohner von Bombay bringen die bei der Geburt eines Kindes eine Eisenstange an der Schwelle des Entbindungsraums an, um das Eindringen von Dämonen zu verhindern.[93] Dieser Brauch geht auf den Glauben der Hindus zurück, dass sich böse Geister von Eisen fernhalten, und auch heute noch sieht man Hufeisenstücke an den unteren Schwellen der dortigen Haustüren angenagelt.[94]

Im Osten des Bottnischen Meerbusens wird, wenn die Kühe zum ersten Mal ihr Winterquartier verlassen, eine Eisenstange vor die Türschwelle gelegt, durch welche die Tiere gehen müssen. Die Bauern glauben, dass wenn diese Vorsichtsmaßnahme unterbliebe, die Kühe den ganzen Sommer lang Unruhe stiften würden.[95] Auch in der Region Saalfeld in Mitteldeutschland ist es üblich, Äxte, Sägen und andere Eisen- und Stahlgeräte vor die Stalltür zu legen, um das Vieh vor Verhexung zu bewahren.

Die skandinavischen Bauern schützen sich, wenn sie sich aufs Wasser wagen, gegen die Macht des Neck oder des Flussgeistes, indem sie ein Messer in den Boden des Bootes stecken oder einen Eisennagel in einem Schilfrohr befestigen. Ein Zauberspruch, der in Norwegen zu diesem Zweck gebraucht wird, lautet:

*„Neck, Neck,*
*Nagel im Wasser,*
*Die Jungfrau Maria wirft Stahl ins Wasser.*
*Gehst du unter, so gleite ich."*

In Finnland gibt es eine böse Fee, die als *„Alp Nachtmahr"* bekannt ist. Im Volksmund heißt sie *Painajainen*, was „Presser" bedeutet. Dieses unangenehme Wesen lässt die Menschen schreien und bringt kleine Kinder dazu, zu schielen, und der wirksamste Schutz dagegen sind entweder Stahl oder ein Besen unter dem Kopfkissen.[96]

Friedrich bemerkt, dass die Moslems das Eisen als göttliches Geschenk betrachten, und dass die Finnen ihre Schutzgötter aus diesem Metall herstellen.

Unter den Juden existiert der Volksglaube, dass man niemals ein Messer oder ein anderes stählernes Instrument benutzen sollte, um den Text der Bibel, des Talmuds oder eines anderen heiligen Buches mit den Augen besser verfolgen zu können. Eisen darf niemals ein Buch berühren, das sich mit Religion befasst, denn beides ist von Natur aus unvereinbar: Das eine zerstört das menschliche Leben, das andere bereichert es.[97]

Bei den schottischen Hochlandbewohnern ist es ein altehrwürdiger Brauch, einen Eid auf kaltes Eisen oder Stahl zu schwören. Jene Dolche, die früher ein unverzichtbarer Bestandteil der Hochlandtracht waren, sind ein beliebter und zweckmäßiger Gegenstand zu diesem Behuf. Der Glaube an die magische Kraft von Stahl und Eisen gegen böswillige Feen und Geister war allgemein verbreitet, und diese Art des Schwurs galt als feierlicher und verbindlicher als jede andere.[98]

Bei den bayerischen Bauern haben Nägel und Nadeln einen gegenteiligen Ruf wie das Hufeisen. – Ein Hufeisennagel, der in die Eingangstür eines Hauses genagelt wird, bringt dem Besitzer eine schwere Krankheit. Eine Nadel, wenn sie einem Freund gegeben wird, sticht die Freundschaft zu Tode, auch durch ein Messer oder eine Schere wird sie zerrissen. Dies kann man jedoch verhindern, wenn der Beschenkte bei der Überreichung des Präsents freundlich lächelt.

In der Steiermark und in Tirol existiert ein seltsamer Aberglaube über Eisenschlösser: Besorgt man sich von einem Schlosser ein nagelneues Schloss, und nimmt man es bei einer Trauung mit in die Kirche, wo man es während des Segens durch Drehen des Schlüssels zusperrt, so sind die Liebe und das Glück des jungen Paares zerstört. Gegenseitige Antipathie wird die vorherige Zuneigung verdrängen, bis man das Schloss wieder öffnet.[99]

## VII. Schmiede, denen übernatürliche Eigenschaften zugeschrieben werden

Vulkan, der römische Gott des Feuers – der Hephaistos in der griechischen Mythologie –, ist auch der Schutzpatron der Schmiede und Metallarbeiter. Er ist der große Handwerker des Universums und stellte in seiner Werkstatt im Olymp die Rüstungen für die Krieger des heroischen Zeitalters her. Auf der Erde waren die Vulkane seine Schmieden, und sein bevorzugter Aufenthaltsort war die Insel Lemnos im Ägäischen Meer. Unter dem Ätna hämmerte er mit Hilfe seiner kunstreichen Gehilfen – den Zyklopen – die Donnerkeile des Jupiter. Dort entstanden der Überlieferung zufolge auch Neptuns Dreizack, Plutos Helm und der Schild des Herkules. Hephaistos war also der Beherrscher und Meister des Feuers.

*Hephaistois, Gott der Schmiedekunst. Kupferstich, 18. Jahrhundert.*

In der Antike glaubte man, dass die Zyklopen die Kunst des Schmiedens erfunden hätten, und die Entdeckung der besonderen Eigenschaften des Eisens wurde mythischen Wesen zugeschrieben, die man Daktylen nannte. Sie lebten in Phrygien, und man sagte, dass sie dieses Wissen durch die Beobachtung der Schmelzung von Metallen bei dem sagenhaften Ausbruch des Berges Ida [das Psiloritis-Massiv auf der Insel Kreta] erworben hätten. Die Daktylen standen im Ruf, Zauberer zu sein. Ihre Namen besaßen daher eine geheimnisvolle Schutzkraft, wenn Menschen sie aussprachen, die plötzlichen Gefahren ausgesetzt waren.

*Hephaistos in seiner Schmiede. Holzschnitt, ca. 18./19. Jahrhundert.*

Einige halb-mythische metallverarbeitende Stämme Zentralasiens hielten die Mysterien ihres Handwerks streng geheim, und sie pflegten wilde Orgien und Feste zu feiern, welche die Uneingeweihten mit Ehrfurcht erfüllten. Bei solchen Gelegenheiten tanzten sie bis zur Raserei, begleitet von Zimbeln, Tamburinen und Waffengeklirr. Die Menschen der benachbarten Stämme vermieden, sich ihnen zu nähern. Sie glaubten nämlich, sie besäßen magische Kräfte, die sie befähigten, ein Metall in ein anderes zu verwandeln und Blitze zu schmieden. Sie galten als Meister des Feuers und der Elemente, und ihre Schmieden waren – wie jene des Gottes Vulkan – ebenfalls Vulkane.[100]

*Der römische Gott Vulkan.*

Diese barbarischen Völker wurden manchmal mit den Daktylen, den Korybanten, den Cabiri oder den Kureten verwechselt. Dies waren traditionelle Metallurgen. Sie galten als mit übernatürlichen Fähigkeiten ausgestattet, und man bezeichnete sie daher im Volksmund als Magier oder sogar als Götter. Lange Zeit ging man davon aus, dass nur sie über das exklusive Wissen der Metallverarbeitung verfügten, jene Fertigkeit, die so sehr in Geheimnisse gehüllt war.

In der *„Kalevala“*, einem alten finnischen Epos, wird der Schmied Ilmarinen als erster und erfahrenster Handwerker beschrieben, der sowohl Kriegs- als auch Haushaltsgeräte herstellte. Dieser Held …

„… *kam auf die Erde, um das Metall zu treiben,*
*Er ward auf dem Kohleberg geboren,*
*Geschult und erzogen in den Kohlegruben,*
*In der einen Hand einen Kupferhammer,*
*In der anderen eine Eisenzange,*
*In der Nacht ward der Schmied geboren,*
*Am Morgen baute er seine Schmiede,*
*Suchte mit Sorgfalt einen günstigen Hügel,*
*Wo die Winde seinen Blasebalg füllen könnten,*
*Fand einen Hügel im Sumpfland,*
*Wo das Eisen reichlich verborgen lag,*
*Dort baute er seinen Schmelzofen.*“[101]

Auch in der germanischen Mythologie galten Schmiede als magische Handwerker. Noch im Mittelalter sah man sie aufgrund ihrer Fähigkeit, scheinbar mit dem Feuer zu spielen und jenes gefährliche Element ihrem Willen zu unterwerfen, um dann mit seiner Hilfe leicht und geschickt das Eisen zu bearbeiten, als anderen Handwerkern überlegen an. In Deutschland waren ihre Werkstätten als *„Wielandshäuser“* bekannt, in Erinnerung an den kunstfertigsten Schmied in der nordischen Mythologie.

Da in früheren Zeiten der Ursprung der Metallbearbeitung göttlichen Wesen zugeschrieben wurde, war es nur natürlich, dass die Schmiede in der volkstümlichen Überlieferung ihre wundersamen technischen Fertigkeiten durch die Hilfe solcher Entitäten erwarben. Somit wurden sie über die Ebene der gewöhnlichen Sterblichen erhoben, denn sie hatten übernatürliche Unterweisungen erhalten.

Die folgende mittelalterliche Legende zeigt, dass die Erinnerung an die alten heidnischen Traditionen im Bewusstsein der Skandinavier auch noch lange nach der Einführung des Christentums weiterlebte:

Eines Abends im Jahre 1208 ritt ein Reiter zum Hause eines Schmieds namens Thord Vettir, der in Südnorwegen, in Nesjar nahe der Stadt Larvig (am Skagerrak), lebte. Er bat um Unterkunft für die Nacht und um Beschlag für sein Pferd. Der Schmied willigte ein und machte sich am nächsten Morgen an die Arbeit, während er mit seinem Gast plauderte. „Wo warst du letzte Nacht?“, erkundigte er sich bei diesem. „In Mandal“, war die Antwort. „Und wo warst du die Nacht davor?“, fragte der Schmied. „In Årdal“, antwortete der Fremde. „Du musst ein großer Lügner sein“, sagte der Schmied offenherzig. Dann widmete er sich in aller Ruhe seiner Aufgabe und schmiedete die größten Hufeisen, die er je gesehen hatte, die aber perfekt auf die Hufe des Pferdes passten. Im weiteren Verlauf des Gesprächs erzählte der Reisende, dass er lange im Norden Norwegens gelebt habe und auf dem Weg nach Schweden sei. Als er bereit war, seine Reise fortzusetzen, und sein Pferd bestiegen hatte, fragte der Schmied nach seinem Namen. „Habt Ihr jemals von Odin gehört?“, war die Antwort. „Ich habe seinen Namen gehört“, sagte der Schmied. „Dann kannst du ihn jetzt sehen“, sprach der Reiter, „und wenn du nicht glaubst, was ich dir gesagt habe, dann sieh, wie ich mit meinem Pferd über den Zaun springe.“ Daraufhin gab er dem Tier die Sporen und ritt geradewegs auf den Hofzaun zu, der sieben Ellen gewesen sein soll. Das edle Pferd überwand das Gatter mit Leichtigkeit, und weder das Tier noch sein Reiter wurden von dem ehrenwerten Schmied jemals wieder gesehen.[102]

Die Erhabenheit und Bedeutung der Schmiedekunst im frühen Mittelalter in England wird durch die folgende Geschichte aus Paul Sébillots *„Légendes et Curiosites des Métiers"* im Artikel über die *„Forgerons"* [Schmiede] illustriert:

„König Alfred der Große, der in der zweiten Hälfte des neunten Jahrhunderts regierte, versammelte einst sieben seiner wichtigsten Werkleute und Handwerker um sich. Er kündigte an, dass er denjenigen zu ihrem Oberhaupt ernennen würde, der am längsten auf die Hilfe der anderen verzichten könne. Dann lud er sie allesamt zu einem Festmahl ein, unter der Bedingung, jeder solle ein Produkt seines Handwerks und jene Werkzeuge, mit denen es hergestellt wurde, mitbringen. Zur festgesetzten Zeit erschienen sie alle: Der Schmied brachte seinen Hammer und ein Hufeisen, der Schneider seine Schere und ein soeben genähtes Kleidungsstück, der Bäcker seine langstielige hölzerne Brotschaufel und einen Laib Brot, der Schuhmacher seine Ahle und ein Paar neue Schuhe, der Zimmermann seine Säge und ein Kantholz, der Metzger sein Hackmesser und ein großes Stück Fleisch, der Maurer seine Kelle und einen Eckstein. Nach reiflicher Überlegung entschied die Gesellschaft, dass die Arbeit des Schneiders die beste sei, und so wurde er zum Oberhaupt der Handwerker gekürt.

Der Schmied war über diese Wahl verärgert und schwor, dass er nicht mehr arbeiten würde, solange der Schneider der Vorstand sei. Deshalb schloss er seine Werkstatt und ging fort.

Doch seine Abwesenheit machte sich schnell bemerkbar: Das Pferd des Königs verlor ein Hufeisen, die sechs anderen Kameraden zerbrachen einer nach dem anderen ihre Werkzeuge, und obwohl der Schneider länger als die anderen sein Handwerk ausübte, musste auch er bald aufhören. Daraufhin beschlossen der König und seine Handwerker, sich im Schmieden zu versuchen, aber mit wenig Erfolg, denn das Pferd des Königs trat seinen erlauchten Herrn beim Beschlagen, der Schneider verbrannte sich die Finger, und auch den anderen widerfuhren mancherlei Missgeschicke. Schließlich begannen sie, sich zu streiten und zu prügeln, und in der Folge wurde der Amboss mit einem lauten Krachen umgeworfen. In diesem Moment erschien der Heilige Clemens Arm in Arm mit dem Schmied. Der König grüßte die Neuankömmlinge respektvoll und sprach sie folgendermaßen an: ‚Ich habe einen argen Fehler begangen, meine Gefährten, als ich mich von den feinen Gewändern des Schneiders und seiner geschickten Handarbeit betören ließ, denn der Schmied, ohne dessen Hilfe die anderen Handwerker nichts vollbringen können, sollte besser zum Oberhaupt ernannt werden.'

Alle Handwerker mit Ausnahme des Schneiders baten den würdigen Schmied, ihnen frische Werkzeuge anzufertigen, was er auch augenblicklich tat, und er schenkte dem Schneider sogar eine brandneue Schere. Dann organisierte der König die Gilde der Handwerker ganz neu und ernannte den Schmied zu ihrem Anführer, und alle begrüßten ihn mit Wünschen für gute Gesundheit und Glück.

Anschließend forderte der König jeden auf, ein Lied zu singen, und das neue Oberhaupt sang ein Lied mit dem Titel ‚*The Merry Blacksmith*', das man zuweilen auch heute noch bei den Festen der Handwerkerzünfte in England vernehmen kann."

Der Heilige Clemens, der in dieser Geschichte auftaucht, war der Schutzpatron der Hufschmiede. Er war ein römischer Bischof, der 100 n. Chr. starb. In der kirchlichen Tradition wurde er zu den Märtyrern gezählt, da er am 23. November dieses Jahres an einen Anker gebunden und ins Meer geworfen wurde. Die englischen Schmiede begingen seinen Namenstag noch in jüngerer Zeit, denn sie betrachteten ihn als den Begründer der kunstgerechten Hufschmiedekunst und hielten ihm zu Ehren alljährlich ein Fest ab.

Die Schmiedelehrlinge der Werft in Woolwich pflegten am Abend des St.-Clemens-Tages einen Umzug zu veranstalten. Dabei verkörperte einer von ihnen den „*Old Clem*", mit maskiertem Gesicht, einer

Perücke aus Hanfsträngen und einem langen, weißen Bart. Während der Feierlichkeiten hielt dieser Würdenträger eine Rede, die im Wesentlichen folgendermaßen lautete:

„Ich bin der wahre Sankt Clemens, der erste Schmelzer des Messings, Eisens und Stahls aus dem Erze. Ich war auf dem Berge Ätna, wo der Gott Vulkan einst seine Schmiede errichtete und die Rüstungen und Donnerkeile für den Gott Jupiter schmiedete."[103]

Der Heilige Eloy bzw. der Heilige Eligius wird zuweilen ebenfalls als Schutzpatron der Huf- und anderer Schmiede dargestellt. Er lebte siebten Jahrhundert und ging in seiner Jugend in Limoges bei einem Goldschmied in die Lehre, wo er die Kunst der Edelmetallbearbeitung sehr gut beherrschte. Sein Fest wird am 1. Dezember begangen.

*St. Eligius bezwingt den Teufel mit seiner Schmiedezange. Holzschnitt, ca. 15. Jahrhundert.*

*Zwei volkstümliche Darstellungen des Heiligen Eligius. Ca. 18. Jahrhundert.*

*Eligius in seiner Werkstatt. Gravur ca. 1450, Meester van de Bileam.*

Einer bekannten Legende zufolge beschlug der Heilige Eligius einst ein von einem Dämon besessenes Pferd, das sich weigerte, stillzustehen. Daher schnitt er dem Tier das Bein ab und brachte das Hufeisen dergestalt daran an. Anschließend schlug er das Kreuzzeichen und setzte das Bein wieder ein, ohne dass das Pferd durch diesen Eingriff Schaden genommen hätte.

Dieser Heilige wird in Barnaby Googes *„Popish Kingdome"* wie folgt angesprochen:

*„Und Loye, der Schmied,*
*Behütet Pferde und Schmiede aller Art,*
*Ob mit Eisen sie werken oder Goldschmiede sind."*

In zahlreichen Ländern werden Schmieden und Hufschmieden also seit jeher übernatürliche Fähigkeiten zugeschrieben. Daher scheint es einleuchtend zu sein, den Ursprung der magischen Eigenschaften eines Produkts ihres Handwerks – des eisernen Hufeisens – auf diese Weise zu erklären, obschon diese Theorie bislang noch nicht vertreten worden zu sein scheint.

In England sowie in einigen der wichtigsten europäischen Länder sind Schmiede hochangesehene Mitglieder der Gesellschaft, obschon sie sich für gewöhnlich nicht mit okkulten Wissenschaften beschäftigen. In Teilen des Russischen Reiches, z.B. in der Provinz Mingrelien, im Kaukasus sowie in benachbarten Regionen, genießen Schmiede hingegen den Ruf, Magier zu sein. Feierliche Schwüre werden auf den Amboss statt auf die Bibel abgelegt. In Abessinien und im Kongo werden alle Eisenarbeiter als Zauberer eingestuft, und bei den Tibbous in Zentralafrika begegnet man ihnen mit großer Ehrfurcht. Wenn ein Bewohner der Orkney-Inseln ein Amulett erhalten möchte, wendet er sich entweder an einen Hufschmied oder an dessen Sohn oder an seine Enkel. Die rumänischen Zigeuner sind zumeist Schmiede, deren Frauen ihren Lebensunterhalt durch Betteln, Wahrsagen und Traumdeutung bestreiten, während sowohl Männern als auch Frauen die Fähigkeit zugeschrieben wird, mächtige Luftgeister zu Hilfe zu rufen.[104]

Noch heute gibt es in Marokko eine Gemeinschaft von kleinwüchsigen Handwerkern, Metallarbeitern, Magiern und Heilkundigen, die kleine Bücher herstellen. Diese werden als tragbare Talismane verwendet, und die Bewohner des Drah-Tals, die Haratin, betrachten es als Sünde, diese Personen, die ihrer Meinung nach außerordentlichen Respekt verdienen, auch nur beim Namen zu nennen.

Jedes Mitglied dieses geheimnisvollen Stammes von kleinwüchsigen Schmieden soll ein Haik oder ein Obergewand tragen, das auf dem

Rücken die Darstellung eines Auges trägt, ein Symbol, das an den Zyklopen der Antike erinnert.[105]

Wie wir gesehen haben, herrschte in weiten Teilen Europas die Meinung vor, dass die ersten Schmiede übernatürliche Wesen waren, da man davon ausging, dass der wunderbare Prozess des Schmelzens und Formens von Eisen nicht von Menschenverstand erdacht worden sein könne, sondern durch magische Kräfte entstanden sein musste.

*Dorfschmiede, Kupferstich, ca. 1750.*

In Deutschland befanden sich die Schmieden oft an Straßen, die weit von allen Siedlungen entfernt waren. Sie waren der Zufluchtsort für Reisende und Gespannfahrer, die entweder anhielten, um ein Pferd beschlagen zu lassen oder um tierärztlichen Rat einzuholen. Es liegt auf der Hand, dass diese Schmieden, ähnlich wie die modernen Gemischtwarenläden an Straßenkreuzungen, zu kleinen Zentren der Geselligkeit, des Klatsches und sogar der Festlichkeit wurden. Außerdem verkehrten dort manchmal zwielichtige Gestalten, so dass ihr Ruf nicht immer rosig war. Aber der Schmied selbst wurde aufgrund seines Berufes stets mit Respekt betrachtet, auch nachdem sein Handwerk die Allgemeinheit nicht mehr mit geheimnisvoller Ehrfurcht erfüllte.[106]

*Dorfschmied bei der Arbeit, ca. 1880.*

In Süddeutschland und Tirol schlägt der Schmied, wenn er am Samstagabend seine Arbeit niederlegt, mit seinem Hammer dreimal auf den Amboss. Damit fesselt er den Teufel für die folgende Woche. Ebenso schlägt er, wenn er ein Hufeisen in Form hämmert, bei jedem vierten oder fünften Schlag auf den Amboss statt auf sein Werkstück, und sichert auf diese Weise die Kette, mit der Satan gebunden ist, gleich doppelt.[107]

Schmiede sind in der Regel listenreich genug, um den Teufel zu erkennen, selbst wenn er als Edelmann verkleidet ist: Einst erschien der Gottseibeiuns vor der Tür eines Schmieds im Dorfe Gossensaß an der Brennerstraße in Tirol und wollte seine beiden Pferde beschlagen lassen. Als die Arbeit getan war, erkundigte er sich, wie viel er bezahlen solle. Aber der gerissene Schmied weigerte sich, Geld zu nehmen, und verlangte nur, dass sein Kunde seinen Laden nie wieder betreten dürfe, was der Teufel versprach und fortging.[108]

*Ein Pferd wird beschlagen. Kupferstich, 18. Jahrhundert.*

Die Magier in Hindustan pflegen bei der Behandlung von angeblicher dämonischer Besessenheit nach der Durchführung anderer magischer Riten den Patienten mit Wasser aus einer Schmiede zu besprengen. Sie glauben, dass dies durch das wiederholte Eintauchen von Eisen mit zusätzlicher Kraft aufgeladen ist.[109]

Im Nordosten Schottlands besteht eine Heilmethode gegen Rachitis darin, das betroffene Kind von einem Schmied in der Ablösch-Wanne der Schmiede zu baden. Danach wird es auf den Amboss gelegt, und man zieht eiserne Werkzeuge darüber, wobei man zuvor jedes Mal um

Erlaubnis bittet. Nach der Zeremonie wird dann ein zweites Bad genommen. Um die Wirksamkeit dieses Prozesses zu gewährleisten, müssen drei Schmiede gleichen Namens daran teilnehmen.[110]

*Ein wandernder Hufschmied, Frankreich ca. 18./19. Jahrhundert*

In Hendersons *„Folk-Lore of the Northern Countries of England"*[111] wird eine bemerkenswerte Behandlungsmethode erwähnt. Sie ist gedacht zur Förderung der Entwicklung kränklicher, hinfälliger Kinder, von denen man annimmt, dass sie unter dem Einfluss eines bösen Zaubers stehen, der ihr Wachstum hemmt. Sie ist ein bemerkenswertes Beispiel für das Überleben des alten Glaubens an die magischen Kräfte des Schmiedes: Sehr früh am Morgen wird der kleine Patient in die

Werkstatt eines Schmieds der siebten Generation gebracht und ganz nackt auf den Amboss gelegt. Der Schmied hebt seinen Hammer dreimal, als wolle er ein glühendes Hufeisen anschlagen, und lässt ihn jedes Mal sanft auf den Körper des Kindes sinken. – Eine einfache Zeremonie, die aber in den Augen der bäuerlichen Eltern das körperliche Wohl des Kindes ungemein fördert.

*Schmiede beim Beschlagen, Kupferstich, 17. Jahrhundert.*

Die Hufschmiede der Araber, die in den Oasen der großen Saharawüste leben, sind von Steuern befreit und genießen zahlreiche Privilegien. Das wichtigste und auffälligste dieser Sonderrechte, das die Ehrerbietung gegenüber den Vertretern jenes Handwerks zeigt, ist das folgende:

„Wenn ein berittener Hufschmied auf dem Schlachtfeld von Feinden bedrängt wird, läuft er Gefahr, getötet zu werden, solange er mit den Waffen in der Hand auf seinem Pferd bleibt. Wenn er hingegen absteigt, sich hinkniet und mit den Ecken seines Kapuzenmantels (*Burnus*) die Bewegungen eines Blasebalgs nachahmt und dergestalt seinen Beruf offenbart, verschonen sie ihn.“[112]

Die Baralongs in Südafrika betrachten die Kunst des Schmelzens und Schmiedens als heilig, und wenn das Metall zu fließen beginnt, ist es niemandem erlaubt, sich den Öfen zu nähern, außer denen, die in die Geheimnisse dieses Handwerks eingeweiht sind.[113]

Auch in Finnland genießen die Schmiede höchsten Respekt, und selbst die größten Luxusgüter sind nicht zu gut für sie. Man schenkt ihnen Branntwein, um sie bei Laune zu halten, und ein finnisches Sprichwort besagt: „Feines Brot immer für den Schmied, auch leckere Häppchen für den Hämmerer.“[114]

Bei einigen Stämmen an der Westküste von Äquatorial-Afrika fungiert der Schmied auch als Priester oder Medizinmann. Er ist eine führende Persönlichkeit in der Gemeinschaft, die oft mehrere benachbarte Dörfer umfasst. Es scheint in verschiedenen Teilen Afrikas einen allgemein verbreiteten Glauben zu geben, dass Metallarbeiter eine Art höhere Wesen sind – von edlerem Ursprung als ihre Stammesgenossen. Wenn ein Urvolk, das kein Wissen von der Hufschmiedekunst besaß, durch Eroberung ein neues Gebiet besetzte und dort Schmiede vorfand, die ihrem Beruf nachgingen, dann betrachtete es diese Handwerker mit Staunen, das sich auch mit Furcht vermischte.[115]

Die uralte Verbindung von Metallverarbeitung und Zauberei in Mythologie und Tradition kann also ebenfalls eine Erklärung für die magischen Eigenschaften sein, welche man dem Hufeisen und eisernen Gegenständen im Allgemeinen zuschreibt.

## VIII. Feuer als geisterabschreckendes Element

Das Hufeisen ist ein Produkt der Kunstfertigkeit des Handwerkers mithilfe des Feuers. Dieses Element gilt seit jeher als ein großer Reiniger und als mächtiger Feind böser Geister.[116]

Die Chaldäer verehrten das Feuer und betrachteten es als Gottheit, und bei allen Naturvölkern ist es seit uralten Zeiten heilig. Die Perser besaßen Feuertempel, *Pyrcea* genannt, die ausschließlich für die Bewahrung des heiligen Feuers bestimmt waren.[117]

Im „*Rig-Veda*", dem wichtigsten heiligen Buch der Hindus, wurde das Knistern brennender Fackeln als Stimme der Götter gedeutet, und derselbe Glaube existiert noch immer unter den Eingeborenen von Borneo.[118]

In einem Fragment der Schriften von Menander Protector, einem griechischen Geschichtsschreiber des sechsten Jahrhunderts, wird berichtet, dass eine von Kaiser Justin gesandte Delegation, als sie die Stadt Sogdiana (das alte Bokhara) erreichte, von einer Gruppe von Türken empfangen wurde. Diese wollten deren Fracht mit Trommelschlägen und Glockengeläut exorzieren. Dann eilten sie mit brennenden Pflanzenblättern um die Ladung herum und versuchten, durch ihre Gesten und Bewegungen die bösen Geister zu vertreiben, woraufhin einige von ihnen selbst durch die Flammen liefen, um sich zu reinigen.[119]

Feuer ist besonders wirksam gegen nächtliche Dämonen und auch gegen jene bösen Geister, die Viehseuchen verursachen. Daher soll auch die Nützlichkeit der alten „Notfeuer" herrühren, die man durch die Reibung zweier Holzstücke erzeugte. Von ihnen nahm man an, dass sie ein Abwehrmittel gegen Viehpest und gegen Tierkrankheiten im Allgemeinen seien – eine Sitte, die bis vor kurzem noch im schottischen Hochland gebräuchlich war und die einstmals auch in vielen anderen Regionen praktiziert worden war.

Die Mittsommerfeuer, die nach alter britischer Tradition am Johannisabend entzündet wurden, galten als Reiniger der Luft von Geistern und Krankheiten. Außerdem betrachtete man die gesamte von diesen Feuern erleuchtete Fläche ein Jahr lang als befreit von jeglicher Zauberei. Durch den Sprung durch die Flammen waren Mensch und Vieh für denselben Zeitraum überdies vor Dämonen gefeit.[120]

In Irland war es Brauch, dass die Menschen in der Johannisnacht durch die Straßen liefen und dabei lange Stangen trugen, an denen brennende Strohbündel befestigt waren, um die Luft zu exorzieren. Zu dieser Zeit waren nämlich allerlei bösartige Kobolde, Wichtel und Teufel unterwegs, die den Menschen Schaden zufügen wollten.[121]

*Hexen überreichen dem Teufel Figuren ihrer Feinde. Holzschnitt, 17. Jahrhundert.*

Noch in der zweiten Hälfte des 19. Jahrhunderts wurden in Irland Mittsommerfeuer entzündet, ein Überbleibsel des heidnischen Feuerkults. In zahlreichen Landstrichen versammelten sich die Menschen um diese Freudenfeuer, während Kinder durch die Flammen sprangen, und glühende Kohlen trug man zum Schutz gegen die Pflanzenfäule in die Kornfelder.[122]

Bisweilen streute man die übrig gebliebene Asche über die benachbarten Felder, um die Ernte vor Ungeziefer oder Insekten zu schützen, und in Schweden hieß es, der Rauch der Notfeuer fördere das Wachstum der Obstbäume und bringe den darin aufgehängten Fischernetzen Glück.[123]

Bei der Geburt eines Kindes entzünden die Hindus Feuer, um Dämonen abzuschrecken, und aus demselben Grund werden bei Hochzeiten Lampen hin und her geschwenkt, und bei Beerdigungen Feuer vor den Leichnam getragen.[124]

Fromme Brahmanen lassen in ihren Häusern ständig ein Feuer brennen und beten es täglich an, in der Erwartung, sich dadurch Glück zu verschaffen. Der Ursprung des Respekts, der dem Feuer bei diesen Menschen entgegengebracht wird, wird auf seine Wirksamkeit bei der Linderung oder Heilung bestimmter Krankheiten zurückgeführt[125], wie z.B. bei dem Ausbrennen von Wunden oder mittels Moxa-Therapie[v]. Überall dort, wo der Glaube an dämonische Besessenheit als Ursache für körperliche Störungen existiert, gilt nämlich die Heilung durch derartige Mittel als Beweis dafür, dass diese die ursächlichen Schadensgeister vertrieben hätten.

Die feueranbetenden Parsen lassen beständig ein Feuer im Schlafgemach brennen, und wenn ein Kind aus irgendeinem Grund kränkelt, befestigen sie an seinem linken Arm ein magisches Amulett, auf das ein Priester Worte geschrieben hat, um die bösen Geister im Na-

---

[v] Eine Behandlung, bei der die Akupunkturpunkte nicht mit Nadeln, sondern mit glühenden Kräuterkegeln stimuliert werden. (Anm. Frank-Daniel Schulten).

men ihrer Hauptgottheit, Or-muzd, zu vertreiben und „sie durch die Kraft und Schönheit des Feuers zu binden".[126]

Bei der Geburt eines Kindes wird bei den Khoikhoi im Süden Afrikas ein Feuer im Haus entzündet. Dieses erhält man bis zur Heilung der Nabelwunde aufrecht. Wenn ein Stammesmitglied auf die Jagd geht, achtet seine Frau darauf, dass im Hause ein Feuer brennt, denn wenn es verlösche, hätte der Ehemann kein Jagdglück.[127]

Die Darstellung eines mittelalterlichen Schmiedes als Meister und Beherrscher des Feuers wurde in einer Figurengruppe des österreichischen Bildhauers Karl Bitter dargestellt, welche 1893 am Südeingang des Verwaltungsgebäudes der Weltausstellung in Chicago aufgestellt wurde.[vi] Diese Gruppe, die den Titel *„Fire Controlled"* trug, bestand aus einer weiblichen Figur, die in der erhobenen rechten Hand eine Fackel hielt, während zu ihren Füßen ein muskulöser Schmied stand, der seinen Schmiedehammer auf die liegende Gestalt eines Feuerdämons stützte.

Über dieser Gruppe befand sich eine Einzelfigur desselben Künstlers, die ebenfalls einen Schmied darstellte, der an seinem Amboss stand, den Hammer darauf stützte, und an seinem Gürtel eine Zange trug. In seiner linken Hand hielt er ein Hufeisen, das er begutachtete.[128]

## IX. Die schlangenförmige Gestalt des Hufeisens

Eine Theorie besagt, dass die Hufeisenform in alten heidnischen Zeiten ein Symbol der Schlangenverehrung gewesen ist und dass seine spätere Verwendung als Zaubermittel aus diesem Grund entstanden sein könnte. Dies erscheint insofern plausibel, als eine Ähnlichkeit zwischen dem Hufeisen und dem gewunden Körper einer Schlange besteht, wenn letztere so gebogen ist, dass ihr Kopf und Schwanz den Enden des Pferdebeschlags entsprechen.

---

[vi] Siehe die Abbildung auf Seite 160. (Anm. Frank-Daniel Schulten).

Sowohl Schlangen als auch Hufeisenformen wurden in der Antike auf Steinen und Medaillen eingraviert, vermutlich als Abwehrsymbole[129]; und vor einer Kirche in Crendi, einer Stadt im Süden der Insel Malta, ist eine Statue zu sehen, die zu ihren Füßen ein Schutzzeichen in Form eines von einer Schlange umhegten Halbmondes trägt.

Die Schlange spielte in der asiatischen und altägyptischen Symbolik eine wichtige Rolle. Man nimmt an, dass dies zum einen auf den Glauben zurückzuführen ist, dass der Weg der Sonne durch den Himmel eine schlangenförmige Kurve beschreibt, und zum anderen darauf, dass der Blitz (den man als befruchtendes Feuer ansah) bisweilen in einem schlangenhaften Zickzack auf die Erde traf.[130] Die Schlange wurde mit den Attributen der Göttlichkeit ausgestattet, weil sie sich anmutig und leicht bewegt, weil ihre Augen leuchten, weil sie sich häuten kann (ein Vorgang, der als Sinnbild für die Erneuerung ihrer Jugend angesehen wurde), und weil sie sich urplötzlich auf ihre Beute stürzt.[131]

*Geflügelte Schlangen sind ein Motiv, das weltweit verbreitet ist. Englischer Holzschnitt, 1669.*

Die Schlangenverehrung ist sehr alt; die frühesten nachgewiesenen Berichte über diesen Brauch finden sich in astronomischen Werken der Chaldäer und Chinesen. Sie war bei den ältesten Völkern der Welt nahezu universell gebräuchlich, und diese allgemeine Verbreitung wurde der überlieferten Erinnerung an die Schlange im Garten Eden zugeschrieben[132]. Dies bewog einige Autoren zu der Ansicht, dass die Schlangenverehrung die Urreligion des Menschengeschlechts gewesen sein könnte.[133]

An den Wänden von Häusern in Pompeji sind Schlangenfiguren zu sehen, von denen man annimmt, dass sie als Schutzsymbole gedacht waren[134], und aus C. G. Lelands Werk *„Etruscan Roman Remains"* erfahren wir, dass die Bauern der Bergregionen Norditaliens, der Romagna Toscana, den Brauch haben, Schlangenfiguren mit nach oben weisenden Köpfen und Schwänzen an die Wände ihrer Häuser zu malen. Sie sollen sowohl als Amulette zur Abwehr von Hexen als auch als Glücksbringer dienen und sind somit das genaue Äquivalent zum Hufeisen und zur Mondsichel als magische Embleme. Je verschlungener die Windungen der Schlange sind, desto wirksamer ist das Amulett, da die Hexe gezwungen ist, die verworrenen Biegungen mit dem Auge nachzuvollziehen und zu verfolgen. Dadurch ist sie verwirrt und vorübergehend unfähig, Schaden anzurichten.

*Gewundene Schlangen, Kupferstich von Jakob Schmutzer, ca. frühes 19. Jahrhundert.*

In antiken römischen Kunstwerken wird die Schlange gelegentlich als Schutzsymbol dargestellt. – Auf einigen in Herculaneum ausgegrabenen Bronzefiguren Fortunas sind Schlangen abgebildet, die entweder den Arm der Göttin umschlingen oder sich um ihr Füllhorn winden. So verkörpern sie gewissermaßen die Vorstellung von der engen Verbindung der Schlange mit dem Glück.

Auch die Phönizier huldigten den Schlangen, und die Geschichtsforschung zeigt, dass die Litauer, die Sarmaten, die alten Polen sowie andere Völker Mitteleuropas diese Reptilien mit abergläubischem Respekt behandelten. In Russland z.B. wurden vordem Hausschlangen sorgsam gepflegt, da man glaubte, sie würden den Mitgliedern eines Haushalts Glück bringen.[135]

Die Schlangenverehrung wird in Persien, Tibet, Ceylon und anderen östlichen Ländern immer noch praktiziert. Auch in Westafrika ist die Schlange eine Hauptgottheit und wird von den Eingeborenen in Zeiten der Dürre und Pestilenz angerufen.[136] Die einfachen Menschen in Neapel tragen einen Talisman, der die Form einer Schlange besitzt und als *„la sirena“* bekannt ist.

*Gewundene Schlangen, Kupferstich von Jakob Schmutzer, ca. frühes 19. Jahrhundert.*

In der Volksüberlieferung der südslawischen Völker gilt die Schlange als Schutzgeist nicht nur der Menschen, sondern auch der Haustiere und Wohnstätten. Man glaubt, dass jeder Mensch eine Schlange als Schutzgottheit besitzt, mit der sein Wachstum und Wohlergehen eng verbunden sind, und die Tötung eines dieser heiligen Geschöpfe galt einst als schweres Vergehen.

Die Begegnung mit einer Schlange wird in manchen Ländern traditionell als Glücksfall betrachtet. Die südslawischen Bauern glauben, dass derjenige, der im Frühjahr beim ersten Gang in den Wald auf eines dieser Tiere trifft, das ganze Jahr über Glück haben wird. Andererseits halten sie es für ein böses Omen, wenn jemand zufällig einen Blick auf seine eigene Schutzschlange erhascht. Glücklicherweise weiß der Mensch jedoch nie, welches Kriechtier sein spezieller Beschützer ist.[137]

Die Existenz der Schlange auf gemeißelten oder gravierten Steinen zeigt uns, dass dieses Reptil bei weit entfernten Völkern immer noch ein Gegenstand der Verehrung, wenn nicht gar der Anbetung ist. Wenn wir in den Gräbern Ägyptens, Assyriens und Etruriens forschen, werden wir unzählige Siegel, Zylinder und Skarabäen aus Edelsteinen finden, in welche Schlangen eingraviert sind. Diese wurden als Talismane getragen auch und als Insignien der Macht verwendet. In den Tempeln und Gräbern dieser und anderer Länder sind Schlangen eingraviert bzw. eingemeißelt oder gemalt, entweder als Hieroglyphen oder als symbolische Ornamente von Gottheiten oder Genien.

In Indien umschlingen sie alle Götterbilder in den Höhlentempeln, welche die Gräber von Königen und Helden zieren. Auch die ältesten skandinavischen Runen sind in die Windungen von Schlangenformen geritzt, die man in Steine eingraviert hat.[138]

In alten mexikanischen Tempeln sieht man das Schlangensymbol sehr häufig. Der Zugang zum Tempel von *El Castillo* in Chichen in Yucatan wird z.B. von einem Paar riesiger Schlangenköpfe bewacht, und ein zweites Paar schützt den Eingang zum Heiligtum. Auch in den Reliefmosaiken der Fassaden sowie an den Wänden dieses Heiligtums tauchen Schlangenfiguren auf. Diese findet man ebenfalls in den Ornamenten und Skulpturen der Tempel von Palenque und anderen südmexikanischen Städten.[139]

In vielen Teilen Indiens sieht man heute noch Schlangendarstellungen an den Hauswänden, und auch die Dörfer besitzen dort ihre eigenen reptilischen Wächter.

Der fünfte Tag der ersten oder hellen Hälfte des Mondmonats *S'rava*na, der ungefähr unserem August entspricht, wird von den Brahmanen zu Ehren der Naga – der Kobra – gefeiert. Einige interessante Einzelheiten über die Zeremonien zu diesen Anlässen sind in Balfours *„Cyclopdia of India"* enthalten. Aus dieser Quelle erfahren wir, dass die einheimischen Frauen zu solchen Anlässen um Schlangenlöcher tanzen, sich dort niederwerfen und Segenswünsche äußern, während andere sich vor lebenden Kobras in ihren Häusern verneigen oder Schlangenfiguren huldigen.

Besuche von Schlangen werden als glückverheißende Ereignisse hoch geschätzt, und die Reptilien sind sich eines gastfreundlichen Empfangs sicher, da sie als Schutzgötter angesehen werden.

Somit betrachteten die Völker des Altertums die Schlange als heilig. Sie spielte in jeder Mythologie eine wichtige Rolle und wurde von zahlreichen heidnischen Gottheiten verkörpert.

Die Vlach-Frauen, die in den Dörfern in den Gebirgszügen von Thessalien und Albanien wohnen, behandeln Schlangen auch heute noch mit großem Respekt und sogar mit Verehrung. Wenn eine der harmlosen weißen Schlangen, die es auf dem Lande gibt, zufällig in ein Haus eindringt, wird sie mit Futter versorgt, und sie darf es unbeschadet wieder verlassen, wobei man ihr Erscheinen im Haus als glücksbringend ansieht. Diese freundliche Behandlung führt oftmals dazu, dass man die Schlange domestiziert, sodass sie zur „Hausschlange" wird.[140]

Auch die Kärntner pflegen Schlangen als Hausgenossen zu behandeln, denn sie sind der Meinung, dass diese Reptilien Glück bringen, umso mehr, je größer sie sind. Deshalb füttert man sie sorgfältig und versorgt sie zweimal täglich mit einer Schale Milch.[141]

In vielen Ländern betrachtet man Schlangen oder Drachen, die ursprünglich als Schatzwächter galten, als Beschützer des Hauses. Dieselbe Vorstellung wird auch von den grotesken drachenköpfigen Wasserspeiern verkörpert, die man in der mittelalterlichen Architektur so häufig findet.[142]

Dr. Daniel G. Brinton, der über die symbolische Bedeutung der Schlange bei den amerikanischen Ureinwohnern geforscht hat, merkt an, dass dieses Symbol schon immer mit religiösen Mysterien verbunden gewesen ist.

Viele grammatikalische Ableitungen der hebräischen und arabischen Worte für „Schlange" beziehen sich auf die Ausübung der Zauberei, den Kontakt mit dienstbaren Geistern sowie den Verkehr mit Dämonen.[143]

Es scheint daher nicht unwahrscheinlich zu sein, dass der Hufeisentalisman einen Teil der ihm zugeschriebenen magischen Wirkungen auch aufgrund seiner Schlangenform erhalten hat.

Das Schlangensymbol hat zahlreiche Gelehrte beschäftigt, und die umfangreiche Forschungsliteratur dokumentiert das große Interesse an diesem Thema.

Hier fassen wir die wichtigsten Punkte, die sich auf unser Thema beziehen, noch einmal kurz zusammen:

Die formale Ähnlichkeit zwischen dem Hufeisen und einer Schlangenwindung hat im Volksglauben zahlreiche Assoziationen hervorgerufen. Wenn das Hufeisen also symbolisch mit der Schlange gleichgesetzt wird, repräsentiert es damit ein Wesen, das seit prähistorischen Zeiten in der Mythologie verankert ist – sei es als Gottheit, Hauswächter oder als Personifikation des Bösen. Daher repräsentiert es magische Macht, sei sie gut oder schädlich. In erster Linie aber verkörpert es den Glauben an einen wohltätigen, schützenden Einfluss.

## X. Der hufeisenförmige Bogen in den historischen kaledonischen Schriftzeichen

Ein hufeisenförmiger Bogen ist ein häufiges Emblem auf heidnischen Grabmälern. So taucht er auch oftmals in kaledonischen[vii] Inschriften auf, wo er vermutlich als Schutzsymbol galt. Oberstleutnant Forbes Leslie bemerkt in seinem Buch „*The Early Races of Scotland*", dass der Hufeisenbogen wahrscheinlich die Schlange als schützende und wohltätige Macht symbolisiert. Dieser Bogen ähnelt auch einem Symbol des Nagendra. Dies ist ein kapuzentragender Schlangenkönig, eine Hauptgottheit der ceylonesischen Mythologie. Zur Veranschaulichung von Leslies Theorie, dass dieser prähistorische Hufeisenbogen – ein vermutlich talismanisches Symbol – der Ursprung des modernen Aberglaubens um das eiserne Hufeisen ist, wollen wir aus seinem Werk zitieren:

„Was auch immer dieses Zeichen, der hufeisenförmige Bogen, für unsere heidnischen Vorfahren bedeutet haben mag, vermutlich leitete man in späteren Zeiten daraus die angebliche Macht des metallischen Hufeisens ab. Seine Kraft sollte das Glück seines Besitzers vermehren und ihn vor drohendem Unheil schützen, sei es von Menschen oder Dämonen verursacht. Der Volksglaube verknüpfte dergestalt mit diesem heiligen Symbol der Vorzeit, und es erschien dann später im Christentum, welches dieses heidnische Emblem übernahm."

Der Geschichtsschreiber Diodorus Siculus berichtet, dass sich die Chaldäer die Erde in Form eines umgedrehten Schiffes vorstellten. Die Boote, die heute noch auf den Flüssen Euphrat und Tigris fahren, haben die Form eines Bienenstocks mit einer markanten Ausbuchtung

---

[vii] Die Kaledonier waren ein Volk, das im Süden Schottlands siedelte. (Anm. Frank-Daniel Schulten).

in der Mitte. Gerald Massey schreibt in „*The Natural Genesis*“[144], dass diese Vorstellung von der Erdgestalt dem ägyptischen Put-Zeichen mit seiner hohlen Unterseite entspricht. Es gibt verschiedene Darstellungen dieses Erd-Symbols, und die hufeisenförmige ist eine davon. Auch daher könnte die Vorstellung stammen, dass der Hufbeschlag ein Glücksbringer sei. Der Kopfschmuck der ägyptischen Göttin Hathor hat ebenfalls die Form eines Hufeisens, und auch der Buchstabe Omega (Ω) stellt eine weitere Variante dieses Zeichens dar.

*Der ägyptische Gott Harpokrates auf einem halbmondförmigen Boot, umgeben von Symbolen.*

Reverend C. Vernon Harcourt erwähnt in seiner „*Doctrine of the Deluge*“[145], dass der Mond in seinem ersten Viertel als besonders heilig angesehen wurde, weil er zu dieser Zeit am ehesten der Arche Noahs ähnelte, die halbmondförmig gewesen sein soll. Hufeisenförmige Zeichen betrachtet dieser Autor als Überbleibsel eines alten religiösen

Symbols, das häufig in assyrischen und ägyptischen Skulpturen zu sehen ist und das mythische Tor des Lebens symbolisiert.

„Das kursiv geschriebene *D* verrät seinen einstigen bildhaften Ursprung, wenn man es umdreht: ⌓. Dies gilt auch für das griechische Delta (**Δ**), das eine Zelttür symbolisiert. Die ägyptische Hieroglyphe für „zehn" war: ∩. Es ist also offensichtlich, dass das Hufeisen dieses mythische Tor in seiner einfachsten Form darstellt. Als glücksbringender Fetisch oder als Amulett, das den Bösen Blick abwenden soll, konnte es somit keine andere Darstellungsweise als die mit den Spitzen nach unten annehmen."[146]

Traditionell sollte das Hufeisen, wenn man es als Abwehrsymbol verwendet, mit der Wölbung nach oben platziert werden. Aber als Glücksbringer ist die umgekehrte Position die richtige, da ansonsten, nach der volkstümlichen Vorstellung, das Glück verschüttet werden könnte.

In Norddeutschland und Bayern sind Hufeisensymbole auch auf Grenzsteinen eingemeißelt. Man findet sie zum Beispiel auf einem Stein, der die Weiler Ellerbek und Wellingdorf trennt, beides Vororte von Kiel. Einen weiteren entdeckt man zwischen den Gütern Depenau und Bockhorn in Mittelholstein. In diesen Fällen handelt es sich wahrscheinlich um die Repräsentation eines wohltätigen Hufeisenbogens, der unparteiisch über die Interessen beider Dörfer bzw. Gutshäuser wacht.

## XI. Das Hufeisen als Symbol des Pferdes

Die Wirksamkeit des Hufeisens als Schutz für Menschen und Gebäude hängt jedoch nicht nur von seiner gewölbten Form, seiner gegabelten Gestalt oder seiner Ähnlichkeit mit einer Schlange ab. – Seine Verbindung mit dem Pferd verleiht ihm darüber hinaus einen talismanischen Wert, denn in der Sagenwelt wurden diesem Tier oftmals übernatürliche Eigenschaften nachgesagt. Ein englischer Mythos schreibt dem Pferd den Charakter eines Glücksbringers zu, und die Pferdeverehrung war bei den frühen Kelten, Germanen und Slaven weit verbreitet.

Auch in Hindustan gilt das Pferd als Glückstier, und wenn ein Reiter während der Aussaat in ein Zuckerrohrfeld reitet, wird dies als glücksbringendes Ereignis betrachtet. In der gleichen Region soll der Schaum aus dem Maul eines Pferdes Dämonen vertreiben, die sich vor Gäulen mehr fürchten als vor anderen Tieren. Die Eingeborenen in Nordindien glauben auch, dass das Pferd ursprünglich ein geflügeltes Wesen war und dass die hornartigen Ausstülpungen an seinen Beinen darauf hinweisen, wo einst die Flügel angewachsen waren.[147]

In der nordischen Mythologie hat fast jede Gottheit ihr eigenes Pferd, ebenso wie die meisten Helden des Altertums, denn die heidnischen Völker betrachteten dieses Tier als heilig und göttlich.[148]

Die Überlieferung besagt, dass bei der Gründung der Stadt Karthago durch die phönizische Königin Dido im neunten Jahrhundert v. Chr. eine Juno-Priesterin auf Geheiß des Orakels einen Ochsenschädel fand, als sie in der Erde grub. Dies wurde jedoch als unzureichend angesehen, weil Ochsen und Stiere unter dem Joch lediglich dienstbare Tiere waren. Daraufhin wühlte die Priesterin den Boden erneut auf und entdeckte schließlich einen Pferdeschädel, der als glücksverheißend galt. Das Pferd wurde zwar mitunter ebenfalls vor den Pflug gespannt. Es war aber auch ein Symbol des Krieges und des kriegerischen Ruhms. Daher wurde an dieser Stelle ein Juno-Tempel errichtet, und das Bildnis des Pferdekopfes wurde von den Karthagern als Emblem übernommen und auf ihre Münzen geprägt.[149]

Dr. Ludwig Beck stellt in seiner „*Geschichte des Eisens*" fest, dass in den germanischen Legenden das Pferd dem Gott Wodan (bzw. Odin) heilig gewesen ist. Er erschien stets hoch zu Ross, während Thor entweder in seinem Wagen fuhr oder zu Fuß ging. Deswegen, so der Autor, wird der Teufel des Mittelalters auch mit Pferdehufen dargestellt.

*Wodan reitet. Postkarte, Deutschland, frühes 20. Jahrhundert.*

Der Ruf des Pferdes als weissagendes Tier – auch bei christlichen Völkern – wird durch verschiedene deutsche Überlieferungen belegt, wie z.B. der folgenden:

Als die Bewohner von Delve, einem Dorf im Herzogtum Holstein, eine Kirche erbauen wollten, wurde die Wahl des Standortes auf diese Weise bestimmt: Man befestigte ein Marienbild auf dem Rücken einer Stute, die man nach ihrem Belieben umherlaufen ließ, und man vereinbarte, dass die Kirche an jener Stelle errichtet werden sollte, an der man die Stute am nächsten Morgen fände. Es stellte sich heraus, dass es sich dabei um ein benachbartes Brombeerdickicht handelte, und so wurde das neue Gebäude dort erbaut und *„Unserer geliebten Frau auf dem Pferde“* geweiht.[150]

Der antike Glaube an die prophetischen Kräfte des Pferdes lässt sich gut an einem Brauch ablesen, der einst in Pommern verbreitet war: Bei Ausbruch eines Krieges legte ein Priester drei Speere in gleichen Abständen vor dem Tempel auf den Boden. Zwei weitere Lanzen wurden dann quer darüber gelehnt, wobei die Spitzen in der Erde steckten. Nach einem Gebet führte der Hohepriester ein heiliges Pferd umher, und wenn es mit dem rechten Huf dreimal hintereinander über die Speere trat, ohne zu stolpern, galt dies als gutes Omen, andernfalls nicht.[151]

Ein drachenköpfiges Pferd als Sinnbild der Erhabenheit, das auf seinem Rücken das Gesetzbuch als Zeichen der Zivilisation trägt, ist eines der vier großen mythischen Tiere der Chinesen, und die Tibeter verwenden ein ähnliches Symbol, das sie als glückbringenden Talisman gebrauchen.

Die Assoziation des Pferdes mit Glück ist auch in der indischen Mythologie weit verbreitet:

„Das Juwelenpferd des Weltherrschers, der ein Buddha hätte werden können, wenn er nicht nach weltlicher Pracht gesucht hätte, trägt seinen Reiter wie ein Pegasus durch die Lüfte in jede gewünschte Richtung. Daher wurde es mit der Vorstellung nach materiellem Streben assoziiert, insbesondere nach Reichtum und Juwelen.[152]

Bei den unteren Bevölkerungsschichten der Hindus in Bombay ist die Vorstellung weit verbreitet, dass Geister durch das Geräusch von Pferdehufen erschreckt werden. Dieser Aberglaube könnte jenen bei den Hindus allgemein verbreiteten Brauch erklären, den Bräutigam auf einem Pferd reiten zu lassen, wenn er sich auf dem Weg zum Hause seiner Angetrauten befindet.[153]

Wenn in Buchara ein Pferd bei der Durchquerung eines Baches stolpert und der Reiter dabei unfreiwillig nass wird, gilt dies nicht als

Missgeschick, sondern als positives Vorzeichen. In demselben Land erachtet man es auch als gutes Omen, einem Reiter zu begegnen.[154]

Ein Grund, der für die Theorie spricht, dass die magischen Kräfte des Hufeisens auch mit seiner Verbindung mit einem glücksbringenden Tier zusammenhängen, ist die Tatsache, dass verschiedene Teile des Pferdekörpers an manchen Orten als Amulett dienen. Auf diese Weise kann man nicht nur das Hufeisen, sondern auch den Huf oder sogar einen einzelnen Fußknochen für diesen Zweck verwenden.

Auf der Insel Montserrat werden die Schneidezähne eines Pferdes als Glücksbringer am Körper getragen.[155] Der Volksglaube in vielen Ländern schreibt auch dem Pferdehaar besondere Tugenden zu. Ein Spruch Mohammeds lautet: „Ehre wohnt in der Mähne des Pferdes", und in der Türkei gilt ein Pferdeschwanz, der als Emblem getragen wird, als ein Zeichen für Würde und eine hohe Stellung.

In einigen brandenburgischen Dörfern wird jeder neugeborene Junge vor seinem ersten Bad auf ein Pferd gesetzt, wobei man das Tier zu diesem Zweck in die Kammer führt. Man nimmt an, dass dies dem Kind männliche Eigenschaften für sein Leben verleiht.

In anderen Gegenden dürfen kleine Kinder auf einem schwarzen Fohlen reiten, um ihnen das Zahnen zu erleichtern, und man glaubt, dass das Pferdewiehern allgemein positive Auswirkungen besitzt, wenn man genau darauf achtet. Der Volksglaube zu diesem Thema wird durch das deutsche Sprichwort „Er hat Pferdeglück" veranschaulicht, welches sich auf ein außergewöhnliches Glück bezieht.[156]

Die Iren glauben, dass der Grund für die magische Kraft des Hufeisens darin liegt, dass ein Pferd und ein Esel in jenem Stall zugegen waren, in dem Christus geboren wurde, und dass beide daher in alle Ewigkeit gesegnete Tiere seien.

Die mythische Literatur Irlands bezeugt die Existenz einer Art Pferdekult in früheren Epochen dieses Landes, und die Überlieferung besagt, dass es in alten Zeiten Pferde gab, die mit menschlichen Fähigkeiten begabt waren.[157]

Darüber hinaus erfahren wir von Tacitus, dass die Germanen weiße Rösser zu Weissagungszwecken benutzten – wie es auch die Römer mit Hühnern zu tun pflegten –, und aus den verschiedenen Intonationen ihres Wieherns sagten sie zukünftige Ereignisse vorher. Der Glaube, dass man den Fund eines Hufeisens als glücksbringend ansieht, rührt vielleicht auch daher, dass einige der Assoziationen, die einst mit dem Tier selbst verbunden waren, immer noch in seinem Eisenbeschlag fortbestehen. Pferden wie auch Hunden und Vögeln, wurde nämlich allgemein eine größere Einsicht in die Zukunft zugeschrieben als dem Menschen selbst.“[158]

Das Pferd findet sich unter den Insignien der heutigen Grafschaft Kent, dem ersten der angelsächsischen Königreiche, und es ist immer noch auf den Schilden der Häuser Hannover und Braunschweig abgebildet.[159]

Eine der feierlichsten Eidesformeln, der am Vorabend einer Schlacht geleistet wurde, verlangte von einem Krieger, dass er „bei der Schulter eines Pferdes und der Schneide eines Schwertes“ schwor, nicht vor dem Feind zu fliehen, selbst wenn dieser an Stärke überlegen sein sollte.[160]

Zur Zeit der Eroberung Perus verwunderten sich die indianischen Ureinwohner über den Anblick der spanischen Reiter, da sie glaubten, dass Mensch und Pferd ein einziges Wesen waren. Es heißt, dass Pizarro diesem Aberglauben sein Leben verdankte, denn als er einmal von den Eingeborenen verfolgt wurde, stürzte er vom Pferd, und die Peruaner, die dieses Malheur sahen, glaubten, dass sich ein einziges Tier durch Magie in zwei aufgeteilt hatte, und sie gaben entsetzt die Verfolgung auf.[161]

M. D. Conway behauptet in seinem Werk *„Demonology and Devil-Lore“*, dass der skandinavische Aberglaube an die „Dämonen-Stute“ der Ursprung für den Gebrauch des Hufeisens gegen Hexen ist. In Deutschland existiert ein Sprichwort, das sich auf die krankhafte Beklemmung bezieht, die manchmal während des Schlafs oder beim

Träumen auftritt und häufig ein Symptom für Verdauungsstörungen ist: „Der Nachtmahr hat dich geritten."

Dieser elfische Mahr reitet auch die Pferde, und am Morgen sind ihre Mähnen ganz verfilzt, und sie triefen vor Schweiß.

Grimm schreibt, dass die traditionelle Vorstellung des Nachtmahrs zwischen einem Wesen schwankt, das entweder reitet oder aber selbst geritten wird. – Ebenso wie der Teufel zuweilen als reitende Gestalt dargestellt wird, und dann wieder als jemand, der einen Reiter nach Art eines Pferdes auf seinem Rücken trägt.

Einem bayerischen Volksglauben zufolge ist der Nachtmahr eine Frau, die am Morgen an der Haustür erscheint und stets um das Ausleihen eines Gegenstandes bittet. Um sich in der Nacht dann von ihr zu befreien, soll man sagen: „Komm morgen, und nimm die drei weißen Geschenke entgegen." Am nächsten Morgen kommt die Frau, und man gibt ihr eine Handvoll Mehl, eine Handvoll Salz und ein Ei.[162]

In Nord-England hängt man Steine, die natürlich entstandene Löcher aufweisen, an den Seiten der Futterkrippen auf, um zu verhindern, dass die Nachthexe die Pferde reitet. In einem seltenen Buch aus dem sechzehnten Jahrhundert mit dem Titel *„The Fower Chiefest Offices belonging to Horsemanship, by Tho. Blundenill, of Newton Flotman, in Norffolke"*, wird der folgende eigentümliche Zauberspruch als Heilmittel für Pferde angegeben, die vom Nachtmahr geritten werden:

„Nimm einen Feuerstein, der ein natürlich entstandenes Loch aufweist, und hänge ihn darüber [über das Pferd], und schreibe auf einen Zettel:

*In nomine patris, etc.*
*Sankt Georg, uns'rer Herrin Ritter,*
*Er wanderte bei Tag und in der Nacht,*
*Bis er sie fand,*
*Er schlug sie, und er fesselte sie,*

*Bis sie wahrhaftig ihm gelobt',*
*Dass sie des Nachts nicht kommen werd'.*
*Dann wird der Heil'ge Georg,*
*Ritter unserer Herrin,*
*Dreimal genannt,*
*Heiliger Georg.*

Und hänge diese Schrift über es [das Pferd], und lasse es rasten.

Mit einem solchen Zauber wie diesem pflegten die arglistigen Mönche in früheren Zeiten den einfachen Leuten das Geld aus der Börse zu entlocken."

Aus Gefäßen, die man aus Pferdehufen schnitzte, wurden einst Trankopfer ausgegossen, und im Volksglauben sollen Hexen mit Vorliebe jenes Wasser trinken, das sich in den Hufspuren der Pferde sammelt. Deutsche Autoren, die sich mit alten Traditionen und Volksüberlieferungen beschäftigen, schreiben dem Hufeisen übereinstimmend verschiedene magische Eigenschaften zu, deren Ursprung vage mit der heidnischen Vorstellung vom Pferd als Opfertier verbunden ist.[163]

Nach einem Volksglauben der alten Germanen waren die Pferde – Wodans bevorzugte Lieblingstiere – während der zwölf Rauhnächte zwischen Weihnachten und dem Dreikönigstag mit der Fähigkeit zu sprechen und zu prophezeien begnadet. In dieser heiligen Zeit pflegten sie ihre Köpfe zusammenzustecken und einander vertraulich ihre Erfahrungen und Widrigkeiten des vergangenen Jahres mitzuteilen. Diese Gemeinschaft der Pferdeseelen war das einzige Vergnügen, das jenen edlen Tieren vergönnt gewesen ist. Es entschädigte sie in gewissem Maße für die harte Arbeit, die ihr Schicksal war.

Auch heute noch wagen es viele Bauern nicht, ihre Pferde in der Weihnachtszeit anzuspannen, und sie sprechen die Tiere nicht einmal mit Namen an. Stattdessen verwenden sie Kosenamen und Umschreibungen, wenn sie sich auf sie beziehen müssen. In der Weihnachtsnacht schlafen die Stallknechte oftmals in oder unter der Krippe, und ihre Träume sind zu dieser Zeit prophetisch für das kommende Jahr, denn im Schlaf hören sie, was die Pferde plaudern.

Um den Tieren Gesundheit und Kraft zu verleihen, ohne die Kosten für zusätzliches Futter zu berappen, geht der Stallknecht zur Dreikönigszeit nachts dreimal um die Dorfkirche und trägt dabei in den erhobenen Händen ein Bündel Heu. Anschließend verfüttert er es an die Pferde. Alternativ kann er auch in der Weihnachtsnacht etwas Kohl stehlen, der dann ins Futter gemischt wird, oder aber er legt, bevor er zur mitternächtlichen Christmette geht, einiges Heu auf den Misthaufen, das so genannte „Mess-Heu". Dieses gibt er bei seiner Rückkehr von der Kirche den Pferden.

Einige Bauern haben eine noch einfachere Methode, um das Wohlergehen ihrer Pferde zu fördern. Sie besteht darin, dass sie an den Abenden von Weihnachten, Neujahr oder Dreikönig ein Reinigungstuch auf eine Hecke legen und die Tiere anschließend mit dem taugetränkten Stoff putzen.[164]

Im Volksglauben werden Pferden außerordentlich starke Fähigkeiten zugeschrieben, um Geister und Spukorte aufzuspüren, die sie instinktiv schon von weitem wittern. Deswegen schlagen thüringische Bauern ihre Pferde nicht, sollten sie sich weigern, einen düsteren Waldweg entlang zu traben. Die Peitsche ist nämlich nutzlos gegen übersinnliche Hindernisse, während ein andächtig wiederholtes Paternoster meist viel wirksamer ist.

Ein böhmischer Aberglaube besagt, dass ein Pferd alle Dinge in zehnfacher Vergrößerung sieht und dass dies der Grund dafür ist, warum sich dieses edle Tier sogar von einem kleinen Kind führen lässt.[165]

Wenn ein Brandenburger ein Pferd in einer benachbarten Stadt gekauft hat und es nun nach Hause reitet, steigt er an der Grenze seines eigenen Dorfes ab. Er wirft alsdann eine Handvoll seiner heimischen Erde rücklings über die Grenze, um zu verhindern, dass das Tier verhext wird. In Böhmen glaubt man, dass die wichtigsten Anzeichen für die Verhexung eines Pferdes Zittern, starkes Schwitzen und Abmagerung sind. Ein Zaubermittel dagegen besteht darin, sich das Hemd mit der Innenseite nach außen über den Kopf zu ziehen und es als Hilfsmittel zum Striegeln des Tieres zu verwenden – eine Methode, die vielleicht für abergläubische Jockeys und Stallknechte akzeptabel sein mag, die sich aber kaum für einen anspruchsvollen Pferdebesitzer empfiehlt.[166]

## XII. Pferdeschädel als Talismane

In früheren Zeiten war es üblich, Pferdeschädel als Glücksbringerobjekte zu verwenden. Die alten heidnischen Völker übten mit ihnen aber auch verschiedene andere magische Künste aus. So berichtet Grimm in seiner *„Deutschen Mythologie"*, dass die Skandinavier den Brauch hatten, einen Pferdeschädel an einem Pfahl zu befestigen, wobei das Maul mit einem Stock aufgesperrt wurde. Dieser klaffende Kiefer wurde dann in jene Richtung gedreht, aus der ein Feind zu kommen drohte, um ihn mit einem Fluch zu belegen. Diese Vorrichtung war als *„spite-stake"* [boshafter Pfahl] oder *„nithing-post"* [Schreckens-Säule] bekannt.

Mallet beschreibt in seinen *„Northern Antiquities"*[167], dass Eigil, ein berühmter isländischer Barde, als er im neunten Jahrhundert aus Norwegen verbannt wurde, einen Pfahl in den Boden steckte und darauf einen Pferdeschädel befestigte. Dabei sprach er: „Ich errichte hier meinen Schreckens-Pfahl und richte meinen Fluch gegen König Eirek und Königin Gunhilda." Dann wies er mit dem Schädel in Richtung des norwegischen Landesinneren und sprach eine feierliche Verwünschung gegen die Schutzgötter des Landes aus. Er beschwor das Böse über sie und verwünschte sie, dass sie gezwungen seien, rastlos umherzuwandern, bis sie den verhassten König und die Königin vertrieben hätten.

In diesen Beispielen wurde der Pferdeschädel als Zaubermittel eingesetzt, um dem Feind Unheil zuzufügen. Später jedoch verwendeten die nordischen Völker denselben Fetisch als Amulett gegen das Böse.

Nicht nur im fernen Altertum, sondern auch während des gesamten Mittelalters wurde jenes alte heidnische Objekt des Schreckens-Pfahls von den germanischen Völkern weiterhin gebraucht. Selbst nach der Reformation, nämlich noch im Jahre 1584, war ein auf einen Pfahl gesteckter Stutenschädel in Deutschland ein verbreitetes Mittel, um Ratten und anderes Ungeziefer zu vertreiben. Das Grundprinzip scheint dabei immer dasselbe gewesen zu sein: Dem Pferdeschädel wurde magische Kraft zugeschrieben, alles Negative abzuwehren. Seine Macht war daher nicht nur gegen menschliche Feinde wirksam, sondern auch gegen böse Geister.[168]

Als der römische Feldherr Cæcina Severus im Jahre 9 n. Chr. in der Nähe der Weser den Schauplatz der Niederlage des Varus gegen die germanischen Stämme unter ihrem Anführer Arminius erreichte, sah er eine Reihe von Pferdeschädeln, die an den Stämmen der Bäume fixiert waren. Es waren die Köpfe von römischen Rössern, die die Germanen ihren Göttern geopfert hatten.[169]

Im fünfzehnten Jahrhundert pflegten die Wenden, ein slawischer Stamm, Pferdeschädel in ihre Futterkrippen zu legen, um dem Einfluss böser Geister entgegenzuwirken und zu verhindern, dass ihre Rösser von der Nachthexe geritten würden. In vielen Ländern sind analoge Vorstellungen – uralte heidnische Relikte – noch heute lebendig. So ist es in Mecklenburg und Holstein üblich, aus Holz geschnitzte Pferdeköpfe als Abwehrzauber an den Giebeln der Häuser anzubringen, und wenn man sie auf Stangen in Nähe der Ställe steckt, sollen sie Tierseuchen verhüten.

*Giebelschmuck mit Pferdeköpfen, Norddeutschland, 20. Jahrhundert.*

Auch in Mecklenburg sollen Pferdeschädel, wenn sie unter das Kissen eines Kranken gelegt werden, fiebersenkend wirken, und in Holland werden sie über den Schweineställen aufgehängt. Auf den Giebeln alter Häuser in den Rätischen Alpen sind die Vorderleiber von Pferden zu sehen, „aus den Enden der sich kreuzenden Sparren herausgearbeitet.“[170]

Man nimmt an, dass die Verwendung von Pferdeköpfen bzw. -schädeln als Talismane mit den alten heidnischen Pferdeopfern zusammenhängt. Die Befolgung dieses Brauchs galt einstmals als Beweis für die Treue zum Heidentum, und umgekehrt war der Verzicht darauf ein Zeichen für die Annahme der neuen Religion.

Im zehnten Jahrhundert bemühte sich der norwegische König Hakon Athelstan, bekannt als „Hakon der Gute“, beharrlich um die Ausrottung des heidnischen Götzendienstes in seinem Königreich, jedoch ohne großen Erfolg, da sich sein Volk vehement dagegen wehrte. Bei einem der großen Julfeste wurde der König aufgefordert, als Beweis für seine Hingabe an den alten Glauben Pferdefleisch zu essen, und als er sich weigerte, wollte man ihn töten.

Bei einer anderen Gelegenheit gab König Hakon dem Drängen seines Volkes so weit nach, dass er den Dampf aus einem Kessel mit Pferdesuppe einatmete. Er trank auch Jul-Bier, wobei er den Becher in der linken Hand hielt, während er mit der rechten Hand das Kreuzzeichen ausführte, das im heidnischen Glauben als Symbol von Thors Hammer galt. Schließlich ließ er sich sogar dazu bewegen, einige Bissen Pferdefleisch zu essen, was sein Volk als zufriedenstellenden Beweis seiner Rechtgläubigkeit akzeptierte.[171]

Unter den frisch bekehrten nordischen Nationen geriet der Verzehr von Pferdefleisch in Verruf, und diese Handlung wurde als heimliches Opfer an die alten Götter beargwöhnt, sodass man diejenigen, die sich daran beteiligten, als halsstarrige Heiden bestrafte.[172]

Die Verwendung von Pferdeschädeln als Amulette, ein Brauch, der zweifellos aus dem Heidentum stammt, soll nicht nur die Opferung eines Pferdes symbolisieren, sondern auch die magische Weihe eines Gebäudes verkörpern, das unter dem schützenden Einfluss eines derartigen Symbols steht. Bei den alten Germanen galt das Pferd nämlich als das heiligste aller Tiere, und aus dem Wiehern weißer Rösser in ihren geweihten Hainen deuteten sie Weissagungen. Noch immer ist unter deutschen Bauern der Glaube verbreitet, dass das Anbringen von geschnitzten Pferdeköpfen auf den Hausgiebeln eine Huldigung an die Gottheit darstellt. Deren Segen und Wohltaten werden auf diese Weise sowohl auf die dergestalt geschmückten Gebäude als auch auf ihre Bewohner herabgerufen. Wenn die Köpfe jedoch nach außen gerichtet sind, um das Böse abzuwehren, ist die Bedeutung offensichtlich mit dem des heidnischen Schreckens-Pfahls verwandt, von dem bereits die Rede gewesen ist.

Professor Christian Petersen aus Hamburg, der dieses Thema vor einigen Jahren untersuchte, äußerte die Überzeugung, dass bei den Heiden jedes Haus durch drei schadensabweisende Embleme geschützt wurde, nämlich:

(1) auf dem Giebel durch einem Pferdekopf bzw. die Darstellung eines anderen Tieres oder Vogels,
(2) an der Seite der Eingangstür mittels eines Besens als Schutz gegen Blitzschlag,
(3) und auf der Türschwelle durch ein Hufeisen.

Der deutsche Botaniker Karl Friedrich von Ledebour, der Anfang des 19. Jahrhunderts das Altaigebirge bereiste, schrieb, dass er bei den Kalmücken, einem Nomadenvolk dieser Region, zahlreiche Schädel und Felle von Pferden als Opfergaben auf Gerüsten liegen sah. Je nachdem, ob die Schädel nach Osten oder nach Westen blickten, zeigte dies an, ob die jeweilige Opfergabe einer guten oder einer bösen Gottheit dargebracht wurde.[173]

In manchen Gegenden Deutschlands − vor allem im Norden − war es früher üblich, einen Pferdeschädel über der Stalltür anzubringen. Manchmal wurden Pferde auch getötet und ihre Körper unter dem Eckstein eines Gebäudes begraben, um Glück anzuziehen. Die Assoziation von Pferden oder Hufeisen mit glücksbringenden Einflüssen ist in der gleichen Gegend überall sichtbar: Ein gefundenes Hufeisen wird entweder als Talisman getragen oder an der Zimmerwand oder der Türschwelle befestigt. Ein junges Mädchen, das in einem Jahr eine bestimmte Anzahl von Hufeisen findet oder im selben Zeitraum hundert weiße Pferde sieht, wird noch vor Jahresende heiraten.[174]

In Moldawien werden Pferde- und Eselschädel wegen ihrer angeblich übernatürlichen Eigenschaften sehr geschätzt, und man glaubt, dass sie nicht nur ein mächtiges Mittel für magische Zwecke, sondern auch ein mächtiger Gegenspieler des Bösen sind.[175] Tiergehege werden oft durch ein solches Amulett geschützt, das auf einen gegabelten Pfahl gesteckt wird. Die gleiche Vorrichtung gilt auch als Schutz vor Wölfen und Räubern.[176] In Rumänien werden Pferdeschädel über den Hoftoren als Schutz vor Geistern angebracht, und in der Toskana verwendet man sie ebenfalls als Amulett.[177]

Zu den Weihnachtsfeierlichkeiten in Ramsgate in der Grafschaft Kent gehörte einst ein Brauch, der *„Going a-hoodening"* genannt wurde: Eine Gruppe grotesk gekleideter junger Leute trug einen Pferdeschädel, der auf einen Pfahl gesteckt war, durch die Stadt, wobei sie mit Handglocken läuteten. Durch das Ziehen an einer Schnur, die sie am Unterkiefer befestigt hatten, öffneten und schlossen sie das Pferdemaul mit einem schnappenden Geräusch. In diesem Fall verkörperte der Pferdekopf die guten Dämonen, welche die Mächte der Finsternis bedrohten und besiegten.[178]

Ein modernes Pendant zu diesem alten heidnischen Brauch, Pferdeschädel an Bäume zu hängen, um Wodan zu huldigen, scheint es noch heute in Sussex zu geben. Dort werden Pferdekadaver mit den Beinen an waagerechten Baumästen aufgehängt, um dem Vieh Glück zu bringen. – Die offensichtliche Analogie zwischen diesen beiden Bräuchen aus unterschiedlichen Epochen, nämlich Pferde und deren Körperteile an Bäumen zu opfern, um Unheil abzuwenden oder Schutz zu erbitten, ist offensichtlich.[179]

Die Ostiaken in Südsibirien hängten Pferdeschädel an die Äste von Bäumen, um die Bienen vor Zauberei zu schützen. Zu diesem Zweck stellten sie sie auch in der Nähe ihrer Bienenstöcke auf.[180]

In Bulgarien und bei dem asiatischen Stamm der Osseten, sind dieselben Schutzzauber an den Zäunen ihrer Bauernhöfe angebracht. Die alten Germanen befestigten einen Pferdeschädel an den Wetterfahnen ihrer Scheunen, und sie hängten ein Hufeisen an einem geheiligen Ort auf, um den Gott des Donners und der Stürme zu besänftigen.[181]

Die Tataren in der chinesischen Provinz Koukou-Nor versuchen, ihre Bienen vor dem „Bösen Blick" zu bewahren, indem sie in der

Nähe der Bienenstöcke entweder einen Schädel, einen Huf oder überhaupt irgendeinen Pferdeknochen plazieren.

In Mecklenburg wird gegen Fieberdelirium ein Pferdeschädel unter das Bett gelegt, und in einigen Gegenden Preußens werden bestimmte Wirbelsäulenleiden bei Kindern dadurch behandelt, dass man die Kranken an drei aufeinanderfolgenden Donnerstagen dreimal täglich in Regenwasser badet, in das ein solcher Schädel getaucht wird.[182]

Ein kurioses altes Werk von M[arx] Fugger[viii] besagt, dass ein Stutenschädel, auf eine Stange gesteckt und im Garten aufgestellt, eine wunderbare und günstige Wirkung auf das Wachstum der Pflanzen und des Gemüses ausübt und außerdem das Grundstück von Ratten und Raupen befreit.[183]

Die magyarischen Hirten legen Pferde- und Eselschädel als Amulette um ihre Schafställe, um die Wölfe von ihren Herden fernzuhalten, aber auch um zu verhindern, dass andere Tiere als ihre eigenen Schafe das Gras auf ihren Weiden fressen. Auch wenn, wie es gelegentlich vorkommt, eine Hügel- oder Berggegend bei den Bauern als angeblicher Ort von Hexensabbaten in Verruf gerät, werden dort Pferdeschädel aufgestellt, um diese unziemlichen Orgien zu verhindern. Denn wo Hexen sich treffen, wächst kein Gras mehr, weiß der Volksmund.

Wer mutig genug ist, um Mitternacht des Karfreitags mit einem sogenannten „*Lucia-Stuhl*“ – einem in der Weihnachtswoche speziell angefertigten Stuhl oder Schemel – einen solchen Ort aufzusuchen, kann die Hexen bei ihrem Treiben erblicken. Er kann sie dann leicht verjagen, indem er einen Pferdeschädel in ihre Mitte wirft.[184]

Die an der östlichen Donau lebenden Zigeuner befestigen Pferde- und Rinderschädel an den Zaunpfählen ihrer Höfe, um Hexen und

---

[viii] Gemeint ist: Marx Fugger: *Von der Zucht der Kriegs- und Bürgerpferde: aus dem Altdeutschen nach der Originalausgabe von 1578/Übers., mit Anmerkungen und einem zweiten Theil vermehrt hrsg. von Johann Gottlieb Wolstein*, Wien 1854 u.ö. (Anm. Frank-Daniel Schulten).

böse Geister abzuwehren. Auch die siebenbürgischen Zigeuner vergraben Pferdeschädel unter dem Boden der Erdhöhlen, die sie im Winter bewohnen. Die südungarischen Stämme legen ähnliche Amulette auf die Gräber ihrer Verwandten, damit keine Hexe den geweihten Boden betreten kann.[185]

Die sibirischen Schamanen betrachten sich als Adepten der Magie und sollen über ein geheimes Wissen verfügen, mit dem sie die bösen Geister kontrollieren können. Sie tragen ein langes Gewand aus Elchleder, das mit zahlreichen Fetischgegenständen wie Glocken und Eisenstücken geschmückt ist. Zur Unterstützung ihrer magischen Rituale benutzen sie Stöcke, deren Enden in Form von Pferdeköpfen geschnitzt sind. Mit diesen Stäben können sie sich hoch in die Lüfte erheben.[186]

## XIII. Das Hufeisen als vorzügliches Abwehrmittel gegen Hexen

Der weltweit verbreitete Gebrauch des Hufeisens zum Schutz vor boshaften Wesenheiten ist in der Tat bemerkenswert. Es gilt als das Hexenabwehrmittel schlechthin und als bewährtes Glückssymbol und wird zu diesem Zweck in weiten Teilen der Welt verwendet. Am häufigsten wird das Hufeisen über der Haustür angebracht. Aber auch Ställe sollen damit wirksam geschützt werden, denn „Hexen sind gefürchtete Pferdefleischräuber".

In William Hendersons *„Folk-Lore of the Northern Countries of England"* lesen wir von einem Bauern aus Durham, der überzeugt war, dass eines seiner Pferde nachts von Hexen geritten wurde. Tatsächlich fand er es jeden Morgen schweißgebadet vor. Nachdem er jedoch zum Schutz ein Hufeisen an die Stalltür genagelt und einen Besen über die Futterkrippe gehängt hatte, konnten die Hexen nicht mehr heimlich auf seinem Ross galoppieren.

Obschon viele aufrichtige Menschen in England und anderswo noch fest an Hexen und magische Hufeisen glauben, können nur wenige von ihnen plausible Gründe dafür nennen. So sind die Bauern in Lancashire davon überzeugt, dass böse Feen nicht nur nachts auf ihren Pferden reiten, sondern auch die Kühe aus dem Stall treiben. Auch stehlen sie die Butter und vertilgen den Brei ihrer Kinder, weshalb die Farmer Hufeisen an ihren Häusern anbringt.

Wer die Weiler von Oxfordshire besucht, kommt kaum umhin, die zahlreichen Hufeisen zu bemerken, die an den malerischen, reetgedeckten Cottages angebracht sind. Die Landbevölkerung in dieser Gegend begnügt sich nicht immer nur mit einem einzigen dieser beliebten Schutzzauber. –Häufig sind nämlich zwei oder drei von ihnen an den Wänden eines Hauses zu sehen, stets mit ihren Enden nach unten angebracht.

In Brands „*Popular Antiquities*"[187] findet man einen Ausschnitt aus dem „*Cambridge Advertiser*" (England), der berichtet, dass ein gewisser Bartingale, ein Zimmermann und Einwohner von Ely, eine Frau namens Gotobed verdächtigte, ihn verhext zu haben. Dies sollte die Ursache für eine Krankheit sein, die er kürzlich durchlebt hatte. Daraufhin wurde bei einer Zusammenkunft der alten Frauen aus der Nachbarschaft in seinem Gemach beschlossen, dass das wirksamste Mittel, um ihn vor dem bösen Einfluss der vermuteten Zauberin zu schützen, darin bestünde, drei Hufeisen an der Tür zu befestigen. Also rief man einen Hufschmied herbei, „und die entsprechende Aktion wurde durchgeführt, sehr zum Verdruss der vermeintlichen Hexe, die sich zunächst beim Dekan beschwerte, von diesem aber nur ausgelacht wurde. Daraufhin stürmte sie zornig in das Zimmer des Kranken und überschritt, wie durch ein Wunder, trotz jener Hufeisen den Rubikon. Aber dieses Mysterium klärte sich auf, als man später bemerkte, dass der Schmied in Wirklichkeit Eselhufeisen angebracht hatte."

Georgiana F. Jackson berichtet in ihrem Buch „*Shropshire Folk-Lore*", dass im Haus ihrer Kindheit in Edgmond die Stalltür mit drei Reihen von Hufeisen in Form eines Dreiecks bestückt war. Die Stallknechte sagten, dass sie dort angebracht wurden, um Hexen den Zutritt zu verwehren.

Auch in diesem Landstrich gilt ein altes Hufeisen über der Schlafzimmertür als Schutz vor Albträumen.

In Shrewsbury, der alten Kreisstadt von Shropshire, sind Hufeisen-Amulette nicht nur über den Haustüren, sondern auch auf den Kähnen zu sehen, die den Fluss Severn befahren.

Vor nicht allzu langer Zeit wurde von einem armen Mädchen aus Whatfield in Suffolk berichtet, das nach langer Krankheit täglich von einer alten Frau besucht wurde, die sehr um ihr Wohlergehen besorgt schien. Als die Familie des Mädchens den Verdacht hegte, dass es sich bei dieser Matrone in Wirklichkeit um eine Hexe handeln könnte, ließ sie ein Hufeisen an der Schwelle der Außentür befestigen. Diese Vorsichtsmaßnahme war erfolgreich, so erzählt man sich, denn die vermeintliche Hexe konnte danach die Türschwelle nicht mehr überschreiten, und das Mädchen erholte sich rasch.[188]

John Aubrey beschreibt in seinem Werk „*Remains of Gentilisme*" ebenfalls das Hufeisen als Schutzmittel gegen die unheilvolle Macht der Hexen. Er führt seine magischen Eigenschaften auf das astrologische Prinzip zurück, dass Mars, der Gott des Krieges und der Schlachtrösser, als Gegenspieler von Saturn galt. Dieser war der mittelalterlichen Vorstellungen zufolge nämlich der Lehnsherr aller Hexen.[189]

*Der Gott Saturn.*

Während der Hexenverfolgung in Schottland wurde eine gewisse Elizabeth Bathcat angeklagt, weil sie ein Hufeisen an der Tür ihres Hauses angebracht hatte, „als satanisches Mittel, um vom Teufel Hilfe zu erlangen, damit ihre Güter und all ihre anderen Angelegenheiten gut gedeihen und gelingen mochten.“[190]

Einer alten Legende zufolge wurde der Heilige Dunstan, der vielbegabte englische Geistliche des zehnten Jahrhunderts, vom Teufel gebeten, seinen „einzigen Huf“ zu beschlagen, denn er war auch ein geschickter Hufschmied und besaß eine Schmiede. Dunstan, der seinen Kunden erkannte, willigte ein. Er fügte dem Teufel aber während des Beschlagens so arge Schmerzen zu, dass dieser ihn bat, davon abzulassen. Seiner Bitte wurde unter der Bedingung entsprochen, dass der Teufel fortan niemals einen Ort betreten sollte, an dem ein Hufeisen aufgestellt war.[191] Der Volksglaube besagt, dass sich Seine Satanische Majestät stets treu an diesen Vertrag gehalten habe, und so folgen natürlich auch alle weniger bösen Geister seinem Beispiel.

*Auch der Heilige Dunstan besiegt den Teufel mit seiner Schmiedezange wie St. Eligius. Englischer Kupferstich, ca. spätes 19. Jahrhundert.*

In Schottland glaubten die Bauern noch zu Beginn des 19. Jahrhunderts, dass Hexen in der Lage seien, allen Kühen in ihrer Umgebung Milch zu entlocken, indem sie an einem Haarstrang zögen, womit sie den Melkvorgang imitierten. Ein solches Seil flochten sie aus den Schwanzhaaren mehrerer Kühe, die genaue Anzahl der Tiere durch Knoten in diesem Strick angezeigt wurde. Während sie den Strang „molken", wiederholten die Unholdinnen entweder den folgenden oder einen ähnlichen Zauberspruch:

*„Kuhmilch und Stutenmilch, und jedes Tier, das Milch trägt, zwischen St. Johnstone und Dundee, kommt zu mir, kommt zu mir."*

Der einzige wirksame Schutz vor solchen bösartigen Nachstellungen bestand darin, ein Hufeisen an die Stalltür zu nageln sowie Ebereschenzweige mit einem roten Faden an den Schwanz der betroffenen Kuh zu binden. Wurden diese Gegenmaßnahmen jedoch vernachlässigt, konnte die schuldige Hexe dennoch entlarvt werden, indem man ihres *„Gudeman's breeks"* [eine Hose ihres Ehemanns] auf die Hörner der Kuh legte, ein Hosenbein auf jedes Horn. Daraufhin würde das Tier, wenn man es losließe, direkt zum Hause der Hexe laufen.[192]

Vielerorts stehen bestimmte Häuser auch heute noch in einem schlechten Ruf, Heimstätten von Hexen und Kobolden zu sein. In diesen Fällen darf man vermuten, dass die Besitzer oder die Bewohner solcher Behausungen keinen Gebrauch von der Beschirmung machten, die Hufeisen und andere Sicherheitsvorkehrungen bieten. Denn niemand, so glauben wir, hat jemals ernsthaft behauptet, dass sich böse Geister leicht vertreiben ließen, die sich einmal dauerhaft eingenistet haben. Die Vertrautheit mit ihrer Umgebung mag dann eine gewisse Immunität gegen Amulette hervorrufen. Sicher ist jedoch, dass ein oder zwei Unzen Eisen zur Vorbeugung ein Pfund oder mehr an Heilung wert sind. Wenn eine Wohnung dämonisch besessen ist, müssen die Teufel irgendwie ausgetrieben werden, und zu diesem Zweck wird auf Exorzismen und religiöse sowie magische Zeremonien zurückgegriffen. Der Dichter John Dryden beschreibt dies folgendermaßen:

*„Und Mönche, die durch reiche Landstriche ziehen,*
*Gehen zu begüterten Bauern, segnen deren Hallen,*
*Und exorzieren die Betten und bekreuzigen die Wände."*[193]

In *„Antiquitates Vulgares"* von Henry Browne aus dem Jahre 1725 gibt der Autor ausführliche Anweisungen für die korrekte Art und

Weise des Exorzismus eines Spukhauses. Er schreibt, dass ein Haus, das angeblich von Geistern heimgesucht wird, eine Woche lang täglich von einem Priester aufgesucht werden soll. Dabei müssen geeignete Gebete und Bibelstellen rezitiert werden.

Zuweilen werden diese religiösen Praktiken durch magische Verfahren ersetzt, und man beauftrage Experten für Zauberei damit, ein Haus von seinen unerwünschten Bewohnern zu befreien. Die folgende Anzeige aus einer Londoner Zeitung aus dem Jahre 1777 mag hier als Beispiel dienen:

***„SPUKHÄUSER***

In dem Bewusstsein, dass in England und Wales Herrenhäuser und Schlösser existieren, die seit vielen Jahren unbewohnt sind und die daher verfallen, weil sie von bösen Geistern oder aber von den Gespenstern derer heimgesucht werden, die aus unbekannten Gründen selbst im Grabe noch unglückselig sind, bietet ein Gentleman, der ganz Europa bereist hat, und der eine besondere Geistesgabe besitzt und tief in der unergründlichen, heiligen Wissenschaft des Exorzismus bewandert ist, hiermit jedem Eigentümer oder Besitzer solcher Behausungen seine Hilfe an. Er verpflichtet sich, dieselben von der Heimsuchung derartiger Geister zu befreien, was auch immer die Ursache dafür sein möge, und sie für die Eigentümer wieder bewohnbar und nutzbar zu machen. Briefe an Rev. John Jones, Nr. 80, St. Martin's Lane, werden ordnungsgemäß beantwortet, und bei Bedarf wird ein Beratungsgespräch arrangiert.“[194]

## XIV. Die korrekte Position des Hufeisens zum Schutz von Gebäuden

Man nimmt an, dass Hufeisen am äußeren Eingang eines Gebäudes angebracht werden, weil ein alter sächsischer Aberglaube besagt, dass Hexen nicht in der Lage sind, ihre Heimtücken unter freiem Himmel gegen Menschen zu verüben.[195] Das Hufeisen versperrt daher den Zauberern und bösen Geistern wirksam den Zutritt. Wenn diese Kreaturen jedoch bereits einen Zugang haben, besitzt es keine Macht, sie wieder zu vertreiben. Daher verliert das Hufeisen innerhalb eines Gebäudes viel von seiner schützenden Kraft, ist dort aber immer noch ein Glücksbringer.

An der Außenseite der Tür oder über dem Wohnungseingang bzw. auf der Schwelle angebracht, ist das Hufeisen der vornehmste unter den universell einsetzbaren Widersachern aller Hexen und Teufel.

*„Lachet nur, wenn's Euch beliebt,*
*Die nicht Teufel noch Unhold Ihr fürchtet,*
*Die der Tod Euch nicht schrecket,*
*Denen Phantome nicht nahen,*
*Durch deren Nerven*
*Keine raschen Stöße zucken,*
*Wenn des wimmelnden Zwielichts*
*Schattengeschöpfe anrücken.*
*Nicht Euch ist's vergönnt,*
*Die Freude zu ahnen, mit der ich eilte,*
*Das rost'ge, verschliss'ne, doch glücksreiche Eisen zu greifen.*
*Oft hab' an meiner Türe ich sie gackern gehört,*
*Die Hexen, deren Tänze auf schwankenden Mooresgrund trommeln.*
*Oft sprang aus albtraumgeplagter Rast ich auf,*
*Und stieß einen Schrei aus meiner keuchenden Brust,*
*Als Schemen, die schwindend, eh' das blinzelnde Auge*
*Vor Grauen sich öffnen konnt', von ihren Gelagen entwichen.*
*Von nun an, gutes Hufeisen, wird vergebens ihr Ritt wohl sein:*
*Ihr Bann ist gebrochen, ihrem Zorne getrotzt.*"[196]

*Hexentanz. Holzschnitt, England 17. Jahrhundert.*

Edward Moor berichtet in seinen *„Oriental Fragments“*[197] er habe einst gemeinsam mit einer Bande von Lausbuben ein Eselhufeisen unter die Türschwelle einer armen Frau in Suffolk genagelt, die der Zauberei verdächtigt wurde. Er und seine jugendlichen Gefährten versuchten auf diese Weise, sie die ganze Nacht ins Haus zu bannen, da Hexen kein Eisen überschreiten können.

Ein englischer Schriftsteller[198] schildert, dass er in der Stube einer Londoner Biertaverne eine Diskussion darüber belauschte, ob es besser sei, ein Hufeisen *hinter die Tür* oder *auf die erste Türschwelle* zu nageln. Die Diskutanten erwähnten Fälle von außerordentlichem Glück, die direkt auf die Kraft des Talismans in seiner jeweiligen Position zurückzuführen seien.

Es gibt jedoch gewichtige Gründe, die dafür sprechen, die Haustür bzw. die unmittelbar mit ihr verbundenen Bereiche als angemessenen Ort für das Anbringen eines Hufeisens als Hauswächter zu wählen:

In den frühesten historischen Zeiten und in Stammesgesellschaften galt der Eingang einer Wohnung als heiliger Bezirk, und nach Ansicht bedeutender Gelehrter, die sich mit diesem Thema befasst haben, dienten die Türschwellen als die ersten Familienaltäre. Bis heute wird in vielen Weltteilen dem Hauseingang und der Schwelle eine besondere Ehrfurcht entgegengebracht. Man erkennt sie in den zahlreichen ähnlichen Riten, die bei weit voneinander entfernten Stämmen und Urvölkern existieren.[199]

Der Brauch, Amulette und Glücksbringer an Eingangstüren von Häusern, Ställen und anderen Gebäuden anzubringen, ist tatsächlich nahezu weltweit verbreitet: So befestigt man in Russland ein Kreuz auf der Türschwelle, um Hexen fernzuhalten. In Litauen legt man beim Bau eines Hauses ein hölzernes Kreuz oder einen von früheren Generationen geerbten Gegenstand unter die Schwelle. Dort ist es auch üblich, dass der Vater ein frisch getauftes Kind, das von der Kirche zurückgebracht wird, für eine Weile über die Türschwelle hält, „um das neue Familienmitglied unter den Schutz der Hausgottheiten zu stellen". Kranke Kinder, von denen man annimmt, dass sie vom Bösen Blick befallen sind, werden auf der Schwelle ihres Hauses gewaschen, damit die Krankheit mit Hilfe der dort wohnenden *Penates*,[ix] der „Götter der Vorratskammern", vertrieben werden kann.[200]

Unter den Türschwellen der assyrischen Paläste in Ninive wurden Bilder von grotesken Ungeheuern gefunden, z.B. eine menschliche Gestalt mit dem Kopf eines Luchses, sowie ein Löwenkörper mit einem Menschenhaupt, die als Schutzgottheiten gedacht waren.[201]

---

[ix] Diese Gottheiten wurden eigentlich im alten Rom verehrt. Es ist daher nicht ganz eindeutig, ob sich der geschilderte Brauch hier auf Litauen oder auf Italien bezieht. (Anm. Frank-Daniel Schulten).

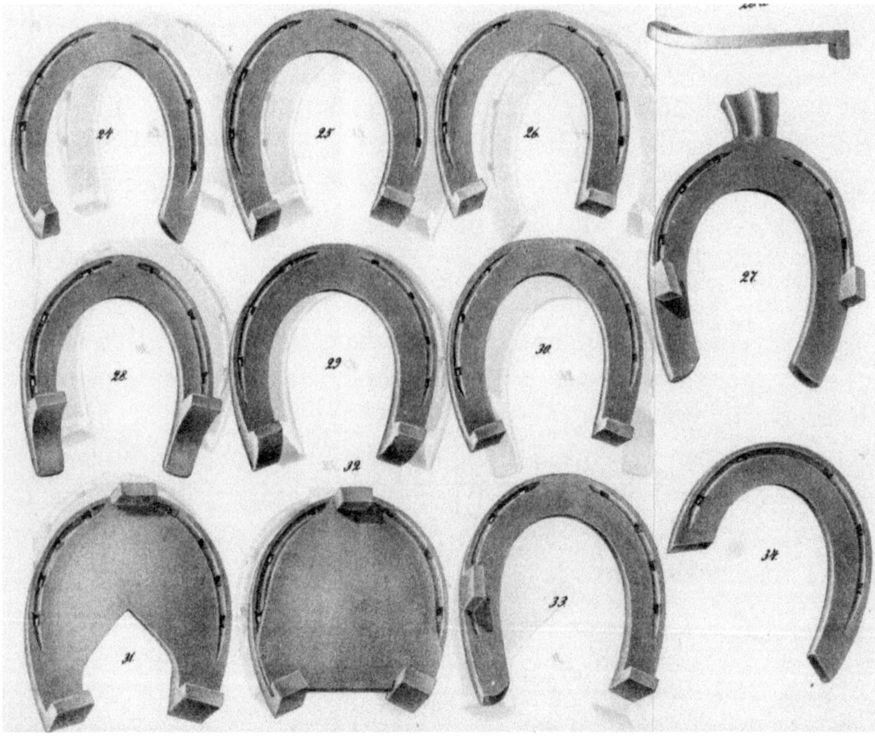

John Netten Radcliffe spekuliert in seinem Werk *„Fiends, Ghosts, and Sprites‘*[202], dass der Glaube an die Kräfte des Hufeisens ein Überbleibsel oder Relikt der Verehrung von Hauswächtern bzw. -gottheiten darstellt. – Einer Praxis, die sowohl bei den Eingeborenen von Ashanti als auch bei den Bhutas in Hindustan noch immer gebräuchlich ist. In einigen englischen Grafschaften hängt man Steine mit natürlich entstandenen Löchern hinter der Tür auf, und in Glamorganshire werden die Wände der Häuser weiß getüncht, um umherziehende böse Geister zu vertreiben. Ob dieser Brauch nun erfolgreich ist oder nicht, er ist mit Sicherheit ein wirksames Mittel, um die „dämonischen Keime“ bestimmter Krankheiten zu vernichten.

Die Franko-Kanadier sind nicht im Geringsten abergläubisch, dennoch vernachlässigen auch sie nicht die notwendigen Vorsichtsmaßnahmen, um bösen Geistern den Zutritt zu ihren Häusern zu verwehren:

Sie antworten nicht mit „*Entrez!*“, wenn es an der Türe klopft, sondern sie rufen „*Ouvrez!*“ Dieser Brauch soll auf eine alte Überlieferung zurückgehen, nach der eine junge Frau auf ein Klopfen mit „*Entrez!*“ geantwortet hatte, woraufhin der Teufel hereinkam und sie fortschleppte.[203] Wo solche Legenden selbstverständlichen Glauben finden, ist es nicht verwunderlich, dass Hufeisen und andere Amulette hoch im Kurs stehen.

In der Toskana nimmt man magische Arzneien auf der Schwelle ein, die auch in der dortigen Zauberei eine wichtige Rolle spielt. Ein Grund dafür wird darin gesehen, dass Türschwellen die Grenze bilden zwischen der äußeren Welt, in der die Dämonen wüten, und dem häuslichen Bereich, in dem die Menschen leben.

Ein Autor behauptet, es sei ein festes Gesetz in der Dämonenkunde, dass Geister die Schwelle nicht überschreiten und ein Haus betreten können, wenn sie nicht vorher dazu eingeladen werden. Er fügt aber hinzu, dass viele Ausnahmen von dieser Regel existieren.[204] Das Gewicht der Beweise stützt diese Ansicht jedoch nicht, denn bösartige Feen und Hexen sind dafür bekannt, dass sie die Gesetze der Etikette grob missachten und nicht auf eine Einladung warten, um in Wohnungen einzudringen. Diese Tatsache ist einer der Hauptgründe für die Verwendung von Amuletten am Eingang von Behausungen.

Die Bewohner des schönen Thüringer Waldes, in dessen Nähe diese Zeilen entstanden sind, pflegen an den Schwellen ihrer Kammertüren Hufeisen zu befestigen, damit nicht ein dreister Kobold hereinkommt und ihren Schlummer stört. Aber der Ehrgeiz dieser Waldbewohner begnügt sich nicht mit einem gewöhnlichen Hufeisen, selbst wenn es auf der Straße gefunden wurde und bereits verrostet ist. – Um seinen Zweck als Schutzamulett zu erfüllen, muss ein Thüringer Hufeisen nämlich von einem Junggesellen mit reinem Lebenswandel und gutem Charakter am Johannistag geschmiedet worden sein![205]

In deutschen Haushalten soll das Hufeisen über der Tür Schutz bieten vor diversen Heimsuchungen, nämlich dem Teufel, der Hexerei, Blitzschlag, Krankheiten sowie anderen Übeln.

Das Kreuz, das Symbol des christlichen Glaubens, ist der mächtigste aller Talismane, es wird aber nur selten an Hauseingängen gesehen. In einigen römisch-katholischen Ländern entdeckt man das Kruzifix zwar allenthalben, nicht nur in Kirchen und Heiligtümern, sondern auch am Straßenrand, auf Feldern und an den Außenwänden von Häusern. An der Haustür wird es jedoch nur selten angebracht. In Ungarn hingegen zeichnen die Magyaren mit schwarzer Kreide die Figur eines Kreuzes auf ihren Stalltüren und brennen dieses heilige Emblem alljährlich zur Weihnachtszeit frisch darauf ein.

Der Respekt, den die Bewohner Tibets ihren Hausgöttern zollen, ähnelt in gewisser Weise der Verehrung der *„Laren"* bei den alten Römern. Dies waren die Schutzgeister bestimmter Orte und Familien. Diese Ehrerbietung besitzt somit ebenfalls eine Parallele in der Wertschätzung des Lieblingsglücksbringers der westlichen Zivilisation, nämlich des Hufeisens.

*Zwei Laren, römische Schutzgeister mit gebogenen Hörnern in den Händen.*

Die Tibeter hängen über den Eingängen ihrer Häuser komplexe Schutzsymbole auf, die aus verschiedenen magischen Gegenständen bestehen, zum Beispiel einem Widderschädel mit Hörnern, an dessen Basis geschnitzte Holzstücke angebracht sind. Diese stellen einen Mann und eine Frau, ein Haus sowie andere Symbole dar. Die zugrundeliegende Vorstellung dahinter ist, die Dämonen zu täuschen, indem man sie wähnen lässt, dass es sich bei diesen Objekten um die tatsächliche Behausung und ihre Bewohner handelt. Die Tibeter glauben, dass sie die Dämonen auf diese Weise überlisten und dass die Holzbilder an ihrer Stelle Opfer der böswilligen Nachstellungen werden.[206]

Im weit davon entfernten Turkestan sieht man bei den Nomadenstämmen in der Nähe der alten Stadt Mery gelegentlich Hufeisen an den Schwellen ihrer Behausungen angenagelt. In der Nähe der Eingänge dieser eigenartigen Domizile, die riesenhaften Papageienkäfigen ähneln, findet man außerdem auf der Filzwandverkleidung vier- oder fünfzöllige Leinen- oder Kattunflicken. Diese dienen als Gefäße für die Opfergaben an jene wandernden Geister, welche dennoch in der Lage sein sollten, die magische Barriere der Hufeisen überwinden können.[207]

In einigen Weltregionen existiert noch der alte Brauch, über den Haupteingängen von Häusern Inschriften anzubringen, die zumeist einen religiösen Gedanken oder eine Ermahnung enthalten. Bisweilen werden das Haus und seine Bewohner auch der Göttin Fortuna anvertraut, was eine ähnliche Bedeutung besitzt wie das Hufeisensymbol. Im Jahre 1892 notierte der Autor zahlreiche Inschriften, die er über Haustüren in Norditalien und der Schweiz entdeckt hat. Einige davon waren in Latein verfasst, andere in Deutsch, Französisch, Italienisch sowie dem im Engadin gebräuchlichen romanischen Dialekt. Hier z.B. die deutschsprachige Inschrift eines Hauses im Schweizer

Dorf Bergun: *„Dieses Haus ist in Gottes Hand, Möge das Glück eintreten und das Unglück draußen bleiben! 1673."*

Bei vielen jener Inschriften handelt es sich um biblische Verse, die hier als Talismane verwendet werden, so wie fromme Moslems Sätze aus dem Koran gebrauchen.

Dieser deutschsprachige Satz steht über einer Hauspforte im Dorf Ober-Schönberg in der Nähe von Innsbruck (Tirol). Er wurde notiert im Jahre 1897:

*„Alle Personen, die dieses Haus betreten, werden dem göttlichen Schutze empfohlen. Gott und die Jungfrau Maria beschützen sie alle, auch wenn mächtige Feinde drohen und Blitz und Donner draußen wüten!"*

Über der Tür eines Hauses im Dorf Welschnofen bei Bozen kann der Wanderer den folgenden Satz lesen: *„Bete für uns, heiliger Florian, dass das Feuer unserer Behausung nichts anhaben kann."* Über dieser Inschrift ist ein Auge abgebildet, darunter eine realistische Darstellung des Heiligen Florian, des Beschützers der Häuser gegen Feuer, der gerade dabei ist, Wasser auf ein brennendes Dach zu gießen.

Die Bassamesen – Bewohner der afrikanischen Goldküste westlich von Ashantee – verwenden bestimmte Fetischobjekte zum Schutz ihrer Behausungen. Diese Amulette, bei denen es sich oft lediglich um rot angemalte Holzstücke oder Tonscherben handelt, werden an den Türen ihrer Hütten angebracht und sollen einen zuverlässigen Schutz vor Dieben bieten.[208] Ein solcher Fetisch dient wahrscheinlich ebenfalls dazu, böse Geister abzuwehren und ist daher ein Ersatz sowohl für das Hufeisen als auch den Wachhund, jene in westlichen Gefilden so beliebten Hauswächter.

Wenn ein heutiger Ägypter von einer Pilgerreise nach Mekka zurückkehrt, befestigt er über dem Eingang seines Hauses einen Aloezweig. Dies gilt nicht nur als Beweis für seine religiöse Hingabe bei der Bewältigung der heiligen Reise, sondern auch als Schutz gegen unliebsame übernatürliche Eindringlinge. Aus letzterem Grund sieht man es in Kairo auch über den Türen der Häuser sowohl von Christen als auch von Juden.

In Nordschottland wurde weiland ein Ebereschenzweig über den Türen der Bauernhäuser angebracht, nachdem man ihn geschwenkt hatte, wobei man die Worte *„Avaunt, Satan!"*[x] feierlich deklamierte.[209]

Um das Jahr 1850 stellte Reverend Andrew A. Bonar, damals Hilfspfarrer in der Gemeinde Collace im schottischen Perthshire fest, dass der Brauch, Hufeisen an die Eingänge von Bauernhäusern zu nageln, so weit verbreitet war, dass er es für seine Pflicht hielt, gegen diese heidnisch anmutende Praxis zu protestieren. Seine Bemühungen waren zwar nicht von Erfolg gekrönt, aber dennoch nicht völlig misslungen: Seine abergläubischen Gemeindemitglieder entfernten die Hufeisen nämlich von den Außenseiten ihrer Türen und nagelten sie an den Innenseiten wieder an.[210]

Der Existenzgrund für Hufeisen an den Pforten von Geschäften und anderen stark frequentierten Gebäuden wird auf den Glauben zurückgeführt, dass unter den zahlreichen Menschen, die tagtäglich durch die Türöffnung treten, irgendjemand heimlich Unglück bringen bzw. Unheil stiften könnte. Diese Schutzvorrichtungen bilden nicht allein eine wirksame Barriere gegen schädliche Hexen und Zauberer, sondern sie sind auch wirksam gegen Geister und alle Arten böser Kreaturen. Wenn der Oxford-Student *„sports his oak"*[xi], um den unverhofften Eintritt von Geschäftsleuten zu verhindern, bei denen er Schulden hat, sperrt er zugleich auch wohlgesinnte Besucher aus. Das treue Hufeisen hingegen hält durch einen Prozess der natürlichen Auslese ausschließlich unliebsame Geister ab und ist lediglich eine gewaltige Hürde für die Dämonen des Unheils.

---

[x] „Hebe dich hinfort, Satan!" (Anm. Frank-Daniel Schulten).

[xi] Umgangssprachliche Bezeichnung für das Zusperren der äußeren (eichenen) Eingangstür. (Anm. Frank-Daniel Schulten).

## XV. Das glücksbringende Hufeisen im Allgemeinen

*Er lacht wie ein Tölpel, der ein Hufeisen gefunden hat.*
(Niederländisches Sprichwort.)

In ganz Deutschland herrscht der Glaube vor, dass ein Hufeisen, das auf der Straße gefunden und mit den Spitzen *nach außen weisend* auf die Schwelle eines Hauses genagelt wird, nicht nur vor Geistern und Unholden, sondern auch vor Feuer und Blitzschlag schützt. Umgekehrt angebracht bringt es hingegen Unglück. Im östlichen Pennsylvania werden Hufeisen dagegen auch heute noch häufig mit ihren Enden nach innen zeigend plaziert, damit das Glück ins Haus strömen möge.

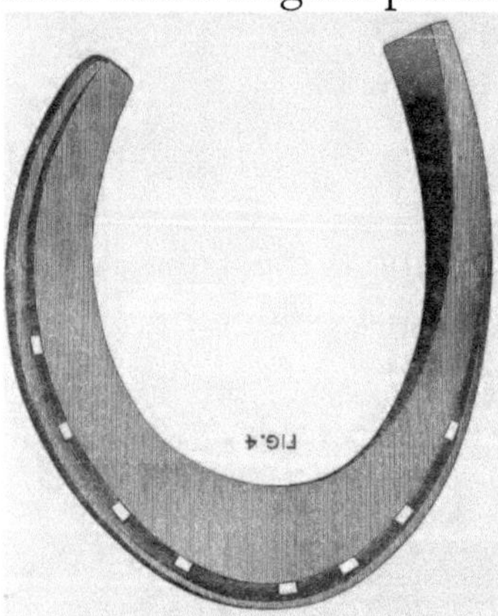


Das Hufeisen behält seine Kraft als Glücksbringer sowohl auf dem Meer als auch an Land, und es ist seit langem unter Seeleuten üblich, dieses beliebte Amulett zum Schutz vor dem Teufel an den Mast eines Schiffes zu nageln, gleichgültig, ob es sich um ein Fischerboot oder um ein großes Seeschiff handelt. Der Hufbeschlag eines „Geister-Pferdes" [*„wraith-horse"*], des mythischen Nachkommens eines Wasserhengstes, wird von schottischen Seeleuten besonders geschätzt für diesen Zweck.[211]

Einzig in Böhmen existiert der Glaube, welcher das exakte Gegenteil der bislang geschilderten Vorstellungen darstellt, nämlich dass derjenige, der ein Hufeisen aufhebt, damit automatisch das Unglück für sich selbst ergreift – ein bemerkenswertes volkstümliches Beispiel für jene Ausnahme, welche die Regel bestätigt. Trotzdem glaubt man auch in Böhmen, dass ein angenageltes Hufeisen ein Heilmittel gegen den Wahnsinn ist.[212]

Im Allgemeinen wurde angenommen, dass das Ausmaß des Glücks eines zufällig gefundenen Hufeisens von der Anzahl der darin verbliebenen Nägel abhängt: je mehr Nägel, desto größer das Glück.[213]

In Northumberland werden die nagelfreien Löcher sorgfältig gezählt. Sie sollen nämlich anzeigen (vermutlich in Jahren), wie bald der Finder des Eisens damit rechnen kann, verheiratet zu werden.[214] Die Bauern in Nordportugal bevorzugen Maultierhufeisen mit einer ungeraden Anzahl von Nagellöchern, um den bösen Einflüssen der gefürchteten, allgegenwärtigen Hexen, den *Bruxas*, entgegenzuwirken.[215]

In Derbyshire ist es üblich, ein Hufeisen mit den Enden nach oben zwischen zwei Steinplatten in der Nähe der Wohnungstür zu stecken.[216] Diese Position wird manchmal damit erklärt, dass das Glück so nicht nach außen entweichen kann.

In einem kurzen Gedicht mit dem Titel *„The Lucky Horse-Shoe"* von James T. Fields wird auf amüsante Weise von einem Bauern berichtet, der ein altes Hufeisen von der Straße aufhebt und es mit den Spitzen nach unten an die Tür seiner Scheune nagelt. Doch anstatt ihm Glück zu bringen, verschmähte Fortuna ihn fortan: Seine Heuernte fiel aus, eine Dürre verdarb sein Gemüse, und seine Hühner weigerten sich, zu legen. Der gute Bauer, entmutigt und verwirrt, vertraute sein Leid einem betagten Wandersmann an, der zufällig des Weges kam, und er berichtete, wie ihn das Unglück verfolgte, seit er das alte Hufeisen aufgehängt hatte.

*„Der Fremde wollt' das Eisen seh'n,*
*Der Bauer zeigt's geschwind dem Greis,*
*Da blickte dann der Alte auf,*
*Lachte laut und sprach sogleich:*
*„Kein Wunder, dass die Himmel*
*Die Stirne runzeln über dir,*
*Verkehrt rum nageltest das Eisen du,*
*Dreh's nur um, dann wirst du seh'n,*
*Wie Glück und du sich wieder versteh'n."*

Der Bauer folgte dem freundlichen Rat und drehte seinen Glücksbringer um, woraufhin die launische Göttin regelrecht auf ihn herabstrahlte. Seine Scheune war bald mit Heu gefüllt, die Speicher waren reichlich mit den lieblichen Früchten der Erde bestückt, und seine Frau schenkte ihm Zwillinge.

Landwirte sollten darauf achten, wie sie die Hufeisen über den Türen ihrer Scheunen festnageln. Um die besten Ergebnisse zu erzielen, scheint es ratsam zu sein, jeweils ein Paar dieser nützlichen Gegenstände an jedem landwirtschaftlichen Gebäude anzubringen, eines mit der Spitze nach oben, das andere umgekehrt. Auf diese Weise können sie nämlich nicht nur hoffen, das Lächeln des Schicksals zu gewinnen, sondern auch alle Hexen und unheilvollen Geister auf respektvollem Abstand zu halten.

In einer interessanten Kindergeschichte von Rudolph F. Bunner, mit dem Titel *„Das Hufeisen des Glücks"*[217], stellt der Autor das Glück namens „Luck" in der Gestalt und dem Gewand eines umherreisenden Clowns bzw. Gauklers vor, der auf einem weißen Pferd sitzt. Dieser vergnügte Reisende sucht ein Nachtquartier in einem Bauernhaus am Wegesrand, und als er die gastfreundliche Tür fast erreicht hat, wirft sein Pferd ein Hufeisen ab, das der Bauer geschwind aufhebt und an einen Haken über der Tür hängt.

Luck erweist sich als überaus unterhaltsamer Geselle, und nach dem Abendessen amüsiert er die Kinder des Hauses königlich, indem er ihnen unter anderem zeigt, wie man Porzellan und Gläser fallen lässt, ohne sie zu zerbrechen, und wie man die Treppe hinunterpurzelt, ohne sich zu verletzen. So geht der Abend fröhlich zu Ende, und alle ziehen sich zufrieden zur Nachtruhe zurück.

Am frühen Morgen wird der Bauer durch das Plätschern von Regentropfen auf seinem Gesicht geweckt, und als er sich eilig erhebt, muss er feststellen, dass das Dach ein Leck hat und dass sein Gast kurzerhand abgereist ist. Erzürnt über dieses Verhalten hasten der

Bauer und seine Familie dem entwichenen Fremden hinterher, geleitet von den Hufspuren seines Schimmels. Als sie ihn schließlich eingeholt haben, macht der Bauer seinem nächtigen Gast Vorwürfe, weil er sein Haus so abrupt verlassen hat. Daraufhin antwortet Luck: „Ich habe dich nicht deswegen verlassen, weil du mein Hufeisen noch nicht einmal angenagelt hast, oder weil du es verkehrt herum über der Tür aufgehängt hast, so dass das Glück an seinen Enden auslief, sondern wegen deines eigenen Fehlers. – Du hast dich auf mich verlassen! Du hast dich auf das Glück verlassen! Ha ha!"

In den nördlichsten Bezirken Schottlands existiert der Glaube, dass, wenn das allererste Hufeisen eines Hengstes an die Stalltür gehängt wird, den Kühen kein Unheil widerfährt. In derselben Region plaziert man ein Hufeisen zwischen den Häusern zerstrittener Nachbarn. – Dann wird keiner von beiden aufgrund der bösen Wünsche des anderen Schaden erleiden.[218]

Um drohende Viehkrankheiten abzuwenden und damit die Tiere den Sommer über gut gedeihen, legen die siebenbürgischen Bauern am Johannistag, dem 24. Juni, zerbrochene Hufeisen in ihre Tränken.

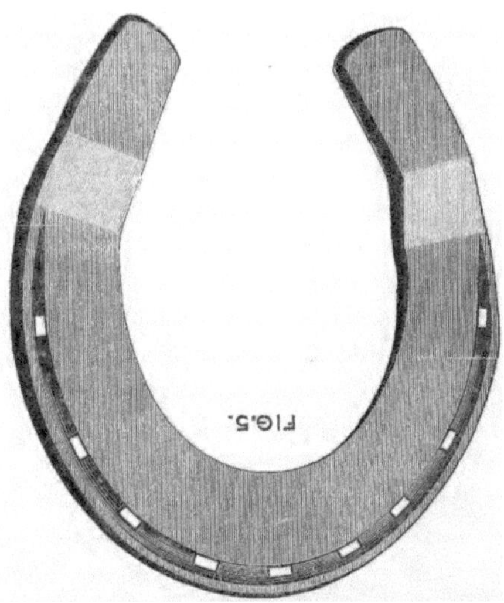

Vor nicht allzu vielen Jahren gab es in Lincolnshire den Brauch, Eschen zu „verzaubern", indem man Hufeisen unter ihnen vergrub. Man glaubte, dass die Zweige eines auf diese Weise mit Magie erfüllten Baumes wirksam seien, um Vieh zu heilen, über das eine Spitzmaus gelaufen ist oder das dem Bösen Blick ausgesetzt war. Um in solchen Fällen eine Heilung zu bewirken, genügte es, das betroffene Tier sanft mit einem dieser Zweige zu streicheln.[219]

Vor einigen Jahren hatte ein Fischer aus Golspie, der ein kleines Boot besaß, eine außergewöhnliche Glückssträhne beim Fischen. Aufgrund seines Erfolges konnte er bald ein größeres Boot erwerben und das alte an einen Nachbarn verkaufen. Von da an schien sein Glücksstern jedoch zu schwinden, und die guten Fänge wurden seltener. Als er nach dem Grund dafür suchte, erinnerte er sich an das Hufeisen eines Hengstes, das in seinem alten Boot befestigt war und das ihm eine „weise Person" geschenkt hatte. Doch Boot und Hufeisen befanden sich nun in den Händen seines Nachbarn, der zu Recht behauptete, der Glücksbringer sei nun sein Eigentum. – Schließlich hatte er „das Boot mitsamt seiner Ausrüstung" gekauft! Von da an schrieb der untröstliche Fischer seinen Misserfolg in jener Saison seiner eigenen Torheit zu, weil er sich von jenem Hengst-Hufeisen getrennt hatte.[220]

Das Hufeisen taucht häufig in maritimen Bräuchen als Schutzmittel für die Seeleute auf. Als das Geisterschiff der *Fliegende Holländer* auf ein anderes Schiff trifft, rudern einige Mitglieder seiner gespenstischen Besatzung in einem Boot heran und bitten die anderen Seefahrer, ein Paket mit Briefen in Empfang zu nehmen. Diese Briefe sollten an den Mast genagelt werden, da sonst ein Unglück über das Schiff hereinbräche, insbesondere wenn sich keine Bibel an Bord befand und auch kein Hufeisen am Fockmast befestigt war.

Im September 1825 schlug ein Blitz in eine Brigantine ein, die in der Bucht von Armiso in der Adria vor Anker lag. Ein Matrose wurde durch den Blitzschlag getötet, und die Überlieferung besagt, dass auf einer seiner Hüften die vollkommene Darstellung eines Hufeisens eingebrannt war. – Ein genaues Gegenstück zu jenem, das nach dem im Mittelmeerraum üblichen Brauch am Fockmast des Schiffes prangte.[221]

Derselbe Brauch ist auch auf deutschen Binnengewässern üblich, wie zum Beispiel auf den Flußschiffen, die auf der Elbe unterhalb von Hamburg verkehren, sowie auf denen, welche die Trave bei Lübeck befahren. Auf den letztgenannten Schiffen werden die Hufeisen gewöhnlich am Heckpfosten anstelle des Mastes befestigt.

In einem deutschen Werk mit dem Titel *„Seespuk"* von P. G. Heims[222], bemerkt der Autor, dass unter den Seefahrern das Hufeisen, jenes alte heidnische Emblem, auch heute noch als der mächtigste Schutz eines Schiffes gegen Blitzschlag und die Kräfte des Bösen gilt. Sein Ursprung als Abwehrzauber soll eng verknüpft sein mit den Pferdeopfern und dem Pferdefleischgenuss bei den heidnischen Völkern des Nordens.

Es gibt ebenfalls wenige Kleinschiffe, die zwischen den Ostseehäfen verkehren und Holz, Obst, Gemüse oder andere Waren befördern, auf deren Fockmast oder anderswo an Deck keine Hufeisen angebracht sind.

Derselbe Autor bemerkt weiter, dass dieses Symbol auch in der deutschen Kunst eine erhebliche Bedeutung besitzt. Dies ist weniger auf seine anmutig geschwungene Form zurückzuführen, sondern vielmehr auf den tief verwurzelten Aberglauben – die Relikte aus vorchristlichen Zeiten–, die ihm nach wie vor anhaften.

Ungeachtet der Betrachtungsweise des Hufeisens – sei es als Symbol Wodans, der Hauptgottheit der Nordvölker, oder als Quelle seiner magischen Kräfte durch seine Halbmondform; sei es als Ergebnis übernatürlicher Kunstfertigkeit im Umgang mit Eisen und Feuer; oder wenn wir seine Zugehörigkeit zum edelsten Opfertier der Antike berücksichtigen – der heidnische Ursprung seines volkstümlichen Gebrauchs bleibt offensichtlich!

Das Hufeisen, ob als Abwehrmittel gegen Unheil oder als Glücksbringer verwendet, hat nichts mit der christlichen Religion zu tun. Beide Verwendungen sind ein Erbe unserer heidnischen Vorfahren, ein pantheistisches Symbol, das keine Verbindung zum Heiligen

Kreuz hat. Über viele Jahrhunderte hinweg beflügelte es die Phantasie des Volkes, und seine symbolische Bedeutung scheint auch heute noch in zahlreichen Teilen der Welt genauso fest verankert zu sein wie eh und je.

Die Überlieferung besagt, dass das zufällige Auffinden eines Hufeisens dessen magische Kraft erheblich steigert. Einige Autoren behaupten sogar, es sei ein unumstößlicher Grundsatz des Volksglaubens, dass talismanische Gegenstände, die einem gleichsam in die Hände fallen, direkte Geschenke der Glücksgöttin sind. Daher besitzen sie auch einen ganz besonderen Wert für den Finder. Eine solche Vorstellung ist ebenso eindeutig heidnischen Ursprungs wie der Brauch, sich vor dem Neumond zu verneigen oder Pferdeschädel an den Hausgiebeln anzubringen, um umherziehende Schadensgeister abzuschrecken.

In *„Curiosities of Popular Customs"* von William S. Walsh[223] heißt es, dass die nordischen Völker nach ihrer Ernte dem Gott Wodan ein Opfer darzubringen pflegten. Die kleinen Plätzchen, die noch heute am St. Martinstag, dem 11. November, in ganz Deutschland gebacken werden, besitzen die Form eines Horns oder Hufeisens, das ein Emblem dieses vorchristlichen Gottes gewesen ist. Obschon es nicht bewiesen werden kann, ist es doch sehr wahrscheinlich, dass wir hier ein weiteres Relikt der Alten Religion entdecken. Es ist außerdem erwähnenswert, dass Wodan nicht nur eine allmächtige Gottheit gewesen ist, die dem griechischen Zeus und dem römischen Jupiter entspricht, sondern dass er auch als großer Zauberer galt. Daher besitzt das Hufeisen als eines seiner Symbole inhärente magische Eigenschaften.

In der Toskana wird ein gefundenes Hufeisen in ein rotes Säckchen mit etwas Heu gesteckt, das die Einwohner ebenfalls als Glücksbringer betrachten. Diesen „doppelten Talisman" bewahrt der Besitzer dann in seinem Bett auf.[224]

Dr. Robert James, ein englischer Arzt des 18. Jahrhunderts, war Erfinder eines berühmten Anti-Fieberpulvers. Er schrieb seinen geschäftlichen Erfolg beim Anhäufen seines Vermögens seinem Glück zu, einst ein Hufeisen auf der *Westminster Bridge* gefunden zu haben. Die Aufrichtigkeit seines Glaubens wird durch die Verwendung des Hufeisensymbols in seinem Familienwappen bekräftigt

Brand zitiert folgende Passage aus John Bells Manuskript *„Discourse on Witchcraft"*:

„Hüte dich vor teuflischen Zaubersprüchen für Mensch oder Tier. Es gibt mannigfältige Zauberkünste, die in unserer Zeit praktiziert werden, gegen die ich bei dieser Gelegenheit mein Zeugnis ablegen will. Ich frage euch daher ernsthaft, was bezweckt ihr mit eurer Beobachtung der Tages- und Jahreszeiten als glücks- oder unglückbringend? Was erstrebt ihr mit euren vielfältigen Zaubersprüchen, Versen, Worten, die ihr oftmals wiederholt, was mit Fasten oder Rückwärtsgehen? Wie wollt ihr Erfolge erzwingen, wenn ihr bestimmte Kräuter, Pflanzen und Baumzweige bei euch tragt? Wie kommt es, dass ihr aus Furcht vor bestimmten Ereignissen abergläubische Mittel anwendet, um sie zu verhindern, indem ihr Holzstücke an die Türen legt und eine Bibel einzig und allein als Zaubermittel bei euch tragt, ohne dass ihr sie sonstwie beachtet? Was beabsichtigt ihr, wenn ihr die Hexerei der Hexerei entgegensetzt, dass ihr, wenn ihr glaubt, jemand sei bezaubert, ihn durch Räucherungen, Hexenflaschen, Hufeisen und ähnliche magische Zeremonien zu befreien sucht?"[225]

In einigen römisch-katholischen Ländern brennen die Priester den Kühen und Schweinen ein Hufeisenzeichen auf die Stirn, um sie vor Krankheiten zu schützen.[226] Außerdem war es ein alter schottischer Aberglaube, ein Hufeisen dreimal unter den Bauch und über den Rücken einer Kuh zu führen, von der man annahm, dass sie von Elfenpfeilen getroffen sei.[227]

Bei den wendischen Bewohnern des Spreewaldes in Norddeutschland hütet sich der frohgemute Finder eines Hufeisens, seinen Nachbarn von seinem Glück zu erzählen. Vielmehr befestigt er das Eisen sofort mit drei Nägeln und drei Hammerschlägen über der Tür seines

Hauses oder auf der Schwelle, damit die bösen Geister nicht eindringen können.

Wir haben gezeigt, dass ein Hufeisen, das man auf der Straße findet, von seinem Entdecker oftmals als eine bedeutsame Errungenschaft geschätzt wird. Es mag daher angebracht sein, an dieser Stelle auch die wörtliche Übersetzung eines Segensspruchs zum Schutze eines Pferdehufs wiederzugeben, wenn es seinen Hufbeschlag verloren hat. Das Original erschien 1834 in Mones *„Anzeiger"* und wurde ursprünglich in Mittelhochdeutsch verfasst:

„Wenn ein Pferd eines seiner eisernen Hufeisen verloren hat, so nimm ein Brotmesser, und schneide den Huf an der Kante einer Ferse bis zur anderen [Seite] ein, und lege das Messer kreuzweise auf die Sohle, und sprich: ‚Ich befehle dir, Huf und Horn, dass du so wenig brichst, wie Gott der Herr sein Wort brach, als er Himmel und Erde schuf.' Und du sollst diese Worte drei Stunden hintereinander sagen, und fünf Paternoster und fünf Ave Marias zum Lobe der Jungfrau. Dann wird das Pferd nicht lahm werden, bis du endlich zu einer Schmiede gelangst."

In Deutschland kennt man ein Sprichwort über ein junges Mädchen, das vom Pfad der Tugend abgekommen ist: „Sie hat ein Hufeisen verloren". Diese Redewendung bezog man allgemein auf das Hufeisen als ein Symbol der Ehe, – eine Vorstellung, die sowohl in der nordischen als auch in der indianischen Mythologie existierte. Man spekuliert jedoch ebenfalls, dass sich dieses geflügelte Wort auf den hufeisenförmigen Glorienschein beziehen könnte, welcher das Haupt der Jungfrau Maria krönte. In diesem Sinne wäre das Hufeisen dann ein Sinnbild der mädchenhaften Keuschheit.[228]

Im Zusammenhang mit demselben Sprichwort wurde darüber hinaus die Vermutung geäußert, dass man das Hufeisen als Abbild des Buchstabens V (den ersten Buchstaben des Wortes Virgo = Jungfrau) betrachten könnte. In kirchlichen Aufzeichnungen verwendete man ihn zur Bezeichnung des unverheirateten Zustands, so wie das Wort „Jungfer“ in juristischen Dokumenten gebräuchlich ist.

Die alten Iren pflegten die Hufe und Beinknochen ihrer verstorbenen Pferde in ihren Häusern aufzuhängen. Dabei maßen sie ersteren einen besonders hohen Wert bei.[229] Auch bei den heutigen Chinesen soll ein in einem Haus aufgehängter Pferdehuf denselben schützenden Einfluss auf eine Wohnung ausüben wie ein Hufeisen in anderen Erdteilen. Im Südwesten Deutschlands ist es immer noch üblich, einen Huf über die Stalltür zu nageln, und in den Niederlanden soll ein Pferdehuf im Stall die Tiere vor Verhexung schützen.[230]

Burton beschreibt in seiner *„Anatomy of Melancholy“* den Glauben an die Macht eines Rings, der aus dem Hufeisen eines rechten Eselhufs hergestellt und dann als Talisman getragen wurde.

Gelegentlich, wenn auch selten, wird berichtet, dass sogar Hexen selbst ein Hufeisen verwenden, um ihre bösartigen Tücken zu verwirklichen:

In der *„Revue des Traditions Populaires“*[231] wird eine Anekdote über einen altgedienten polnischen Kavalleristen erzählt, der unter Napoleon I. gedient hatte. Als er mit einer Abteilung Lanzenreiter in einem Dorf in Ostpreußen kampierte, übernachtete er gemeinsam mit einigen anderen im Hause einer alten Bäuerin, und ihre Pferde wurden in deren Scheune untergebracht. Nach kurzer Zeit bemerkten die Soldaten, dass die Tiere niedergeschlagen wirkten. Außerdem verweigerten sie das Heu und auch das Getreide, das sie ihnen brachten. Daraufhin kamen die Kavalleristen zu dem Schluss, dass ihre Tiere unter einem Zauber stünden, und sie machten sich auf die Suche nach dessen Ursache. Bald entdeckten sie ein altes Hufeisen, in dem noch drei Nägel steckten, von denen sie einen mit einem Hammer rasch herausschlugen. Sofort begannen die Pferde zu schnauben, und sie zeigten Anzeichen von Unruhe. Als der zweite Nagel entfernt wurde, hoben sie stolz ihre Köpfe, und als der dritte Nagel herausgezogen war, stürzten sie sich auf ihr Futter und verschlangen es gierig. Die Kavalleristen waren nun überzeugt, dass die Pferde das Opfer einer Teufelei ihrer Gastgeberin geworden waren, die sie für eine Zauberin hielten. Bevor sie aufbrachen, versetzten sie ihr daher mit ihren Säbeln eine ordentliche Tracht Prügel, um sie zu lehren, ihre ruchlosen Künste nicht an den Pferden ehrlicher Menschen auszuüben.

## XVI. Das Hufeisen als Geschlechtssymbol

Es soll hier genügen, auf die Theorie hinzuweisen, dass der Ursprung des abergläubischen Gebrauchs des Hufeisens auch in seiner Geschlechtssymbolik liegt, ein Bereich unseres Themas, der noch viele weitere Forschungen zulässt.

Die Hufeisenform ist in heutigen Hindu-Tempeln immer noch die übliche Darstellung der Vagina (Yoni). Dieses Thema wird in den Werken *„Ancient Faiths embodied in Ancient Names"*, von Thomas Inman, M. D.[232], sowie in *„A Discourse on the Worship of Priapus"* von Richard Payne Knight, Esq.[233] diskutiert.

Ornamente mit Geschlechtssymbolik sind sehr alt, und Amulette dieser Art wurden in den frühesten etruskischen Gräbern entdeckt. Auch in zahlreichen italienischen Museen kann man Beispiele finden.

Das Yoni-Symbol bewacht die Eingänge uralter Tempel in Mexiko, Peru und Indien. Mexikanische verzierte heilige Steine in Hufeisenform – Relikte der alten Maya-Stämme–, sind im Nationalmuseum in Washington D. C. ausgestellt. Es handelt sich um Fruchtbarkeitssymbole und Darstellungen der Naturverehrung. Man entdeckt hufeisenförmige Embleme ebenfalls in aztekischen Manuskripten, die sich auf die Landwirtschaft beziehen, als Zeichen des Überflusses.[234]

In Nordafrika bringt man Schutzzauber in Form von Geschlechtsorganen über Hauseingängen und Zelttüren an, um den Bösen Blick abzuwehren und Gesundheit und Glück zu fördern. Viele Informationen zu diesem Thema findet man in einem Kapitel über Schlangen- und Phalluskulte in dem Buch *„Rivers of Life"* von Generalmajor J. G.

R. Forlong[235] sowie in einem Aufsatz über *„Phallism in Ancient Religions"* von C. Staniford Wake[236].

Auf einer seltsamen Steintafel, die man bei einem prähistorischen Hügel in der Nähe des Dorfes Cahokia (Saint Clair County, Illinois) entdeckt hat, sind menschliche Gesichter mit vogelähnlichen Profilen, rautenförmigen Augen und niedrigen Stirnen dargestellt, die von ornamentalen Kronen bzw. Kopfbedeckungen überragt werden. Ihre Münder sind weit geöffnet, und vor den Schlünden sind Symbole in deutlich ausgeprägter Hufeisengestalt eingeritzt. Diese Zeichen, die wahrscheinlich phallischen Ursprungs sind, sollen das Lebensprinzip darstellen, welches im Atem verborgen liegt, so wie auch in Indien die Hufeisenform als ein Symbol der Seele gilt.[237]

## XVII. Das Hufeisen als Symbol auf Tavernenschildern

*Britisches Wirtshausschild, 18. Jahrhundert.*

Das Hufeisen, meist in Verbindung mit einem anderen Symbol, sieht man häufig auf den Schildern britischer Tavernen. In der Tottenham Court Road in London gibt es beispielsweise eine bekannte Schänke mit diesem Zeichen, die zudem nach ihm benannt ist. Jacob Larwood und John Camden Hotten schreiben in ihrem Werk *„The History of Signboards"* dazu:

„Namen wie *‚Die drei Hufeisen'* sind keine Seltenheit, und auch das einzelne Hufeisen ist in zahlreichen Kombinationen anzutreffen, was auf den alten Glauben an seinen glücksbringenden Einfluss zurückzuführen ist. So war ein Pferd mit Hufeisen das Emblem von William Warden in Dover, wie man an seinem Wirtshausschild ersehen kann. Eine Sonne zusammen mit einem Hufeisen ist immer noch das Kennzeichen eines Gasthofs in der Great Tichfield Street, und eine Elster in Kombination mit einem Hufeisen entdeckt man in der Fetter Lane. Dabei sitzt die Elster innerhalb des Eisens, an dem eine Traubenrispe hängt. ‚*The Horns and Horseshoe*' sind auf dem Schild von William Grainge in der Gutter Lane (1666) dargestellt, nämlich ein Hufeisen inmitten eines Hirschgeweihpaares. Der ‚*Hoop and Horse-Shoe*'[xii] auf dem Tower Hill hieß früher einfach nur ‚*The Horse-Shoe*'."

Miller Christy schreibt in seinem Buch „*The Trade-Signs of Essex*", dass die Gaststätten-Hufeisenschilder ihren Ursprung wahrscheinlich zum einen der Tatsache verdanken, dass dieses Symbol auf dem Wappen der *Farriers' Company*[xiii] erscheint, und zum anderen dem uralten Brauch, ein Hufeisen an den Stalltüren oder anderen Orten zur Hexenvertreibung anzubringen. In der Grafschaft Essex findet man das Hufeisen auf den Schildern von Bierschänken in Great Parndon, Braintree, Waltham Abbey und High Ongar.

In früheren Zeiten existierten mehrere bekannte Gasthäuser in London, die „*Half-Moon*" hießen, also ebenfalls nach einem hufeisenförmigen Symbol benannt waren. Eine Straße desselben Namens, die von Piccadilly abzweigt, ist wohlbekannt. Der Name und das Symbol des Vollmondes erscheinen jedoch nur selten auf derlei Schildern. Butler fragt deswegen in seinem satirischen Gedicht „*Hudibras*"[xiv]:

„*Sag mir doch, was ist der Grund,*
*Weshalb auf einem Schilde,*

---

[xii] = *Fassreif und Hufeisen.* (Anm. Frank-Daniel Schulten).

[xiii] Die *Worshipful Company of Farriers* wurde 1356 in London als Dachverband der Hufschmiede gegründet, nicht zuletzt, um auch das Wohlergehen der Pferde durch professionelles Handwerk zu fördern. Sie existiert dort noch heute. (Anm. Frank-Daniel Schulten).

[xiv] Ein satirischer Roman in Gedichtform von Samuel Butler (1613–1680), erschienen in drei Teilen von 1663 bis 1678.

*Kein Maler je den Vollmond malt,*
*Sondern seine Sichel nur?"*

*Der Mann im Mond. Britisches Pubschild, 18. Jahrhundert.*

Der Grund liegt zweifellos in den günstigen Omen, die seit Menschengedenken mit der Mondsichel verbunden sind. Die bisweilen angebotene Erklärung, dass das Symbol einer Halbmond-Schänke eine unausgesprochene Aufforderung darstellen soll, in vollen Zügen zu essen und zu trinken, sozusagen ein Hinweis, dem Beispiel der Mondsichel zu folgen und *„voll zu werden"*, muss man wohl kaum als plausibel akzeptieren.

## XVIII. Das Hufeisen an Kirchenpforten

Der Ursprung des Hufeisens als Glücksbringer wird von einigen Autoren auch auf seine Ähnlichkeit mit dem metallischen Heiligenschein (*Aureole* oder *Meniscus*) zurückgeführt, der einst über den Köpfen der Schutzheiligen in den Kirchen angebracht war und den man ebenfalls auf alten Marienstatuen findet.

Dieser Glorienschein (der auch als *Nimbus* bezeichnet wurde), war wahrscheinlich heidnischen Ursprungs, denn in prähistorischen Zeiten schmückten Sternenkreise häufig die Köpfe von Götterstatuen als Zeichen ihrer überirdischen Macht. Über verschiedene archäologische Funde aus Irland schreibt W. G. Wood-Martin:

„Dünne halbmondförmige Platten, deren Enden in flachen kreisförmigen Scheiben enden, sind die am häufigsten zu findenden vorzeitlichen Ornamente. In ihrer Form sind sie identisch mit den halbmondförmigen Verzierungen, die bei den Griechen und Römern gebräuchlich waren, sowie mit den Nimben auf Schnitzereien der Byzantinischen Schule. Sie unterscheiden sich nur wenig von jenem Ring, der heutzutage konventionell um den Kopf eines Heiligen abgebildet wird. So lässt sich dieses Strahlenglanzmotiv bis ins Heidentum zurückverfolgen. Die erwähnten halbmondförmigen Platten scheinen ursprünglich die Abzeichen herausragender Personen gewesen zu sein, von Herrschern oder Königen. Später wurden sie zum Emblem für jemanden, der man als besonders heilig betrachtete, denn in Irland stammten die Heiligen in den frühen Tagen des Christentums hauptsächlich aus der Aristokratie."[238]

In der Sammlung der *Royal Irish Academy* befindet sich ein goldenes Diadem, das in der Grafschaft Clare gefunden worden sein soll. Bei diesem Relikt, das etwa einen Fuß hoch und ebenso breit ist, vermutet man, dass es der Kopfschmuck eines heidnischen oder frühchristlichen Herrschers gewesen ist.

In der Frühzeit der Kirche wurden diese Halbmondsymbole wegen ihres heidnischen Beigeschmacks gemieden. Aber ohne sich über ihre einstige Bedeutung Gedanken zu machen, wurde es im Mittelalter üblich, eine runde Messingplatte als Schutz vor Schnee und Regen auf den Köpfen der kirchlichen Statuen anzubringen. Daraus entwickelte sich dann die Konvention, Bilder und Fresken auch innerhalb der Kirchenmauern auf ähnliche Weise zu schmücken.[239]

In späteren Zeiten wurden diese halbmondförmigen Metallstücke zuweilen an die Eingänge von Kirchen genagelt und galten dergestalt als Schutzsymbole.[240] Das Hufeisen war indes ein leicht verfügbarer Ersatz für den Heiligenschein bzw. die Glorie und wurde daher oftmals an den Kirchenpforten angebracht, insbesondere im Südwesten Englands. In alten Zeiten glaubte man nämlich allgemein, dass böse Geister auch in geweihte Gebäude eindringen können. Aubrey erwähnt in seinen „*Miscellanies*", dass er unter dem Kirchenportal von Staninfield in Suffolk eine Inschrift in Form eines Hufeisens gesehen habe, die Hexen aussperren solle, und er bemerkt treuherzig, dass man eigentlich davon ausgehen müsse, dass Weihwasser für diesen Zweck völlig ausreichend sei.

Am Südtor der Pfarrkirche von Ashby-Foville in Leicestershire befanden sich einstmals zwei antike Hufeisen von erheblicher Größe, von denen eines 16 mal 11,5 Zoll maß. Es war also mehr als doppelt so groß wie ein durchschnittliches modernes Hufeisen. Da es unwahrscheinlich ist, dass solche Eisen tatsächlich für Pferdehufe hergestellt wurden, und da es keine überlieferten Informationen darüber gibt, ist es wahrscheinlich, dass sie ausschließlich dazu dienten, das Eindringen von Hexen zu verhindern.[241]

In der *St. Martin's Church* in Canterbury, der ältesten Kirche Englands, zeigt der Küster den Besuchern jene Stelle, an der sich ehedem eine uralte englische Tür auf der Südseite und ein normannisches Tor in der Mitte der Nordwand befanden. Beide sind seit langer Zeit zugemauert. Die Täuflinge wurden damals durch den Südeingang in diese Kirche gebracht, und nach der Zeremonie wurde das Nordtor aufgestoßen, damit die bösen Geister, die durch die Taufe vertrieben wurden, entweichen konnten. In früheren Zeiten glaubte man nämlich, dass die Dämonen aus dem Norden kommen, wo man auch die Wohnstätten der heidnischen Götter vermutete. Die Heiden blickten bei der Verehrung ihrer Gottheiten nach Norden, aber wenn Christen beteten, wandten sie ihr Gesicht nach Osten und hoben ihre Hände. – Sie betrachteten den Norden als „das ungeweihte heidnische Himmelsviertel".[242] Die unerforschten arktischen Regionen, in denen die meiste Zeit die Nacht herrscht, galten als besonders dem Teufel bzw. dem Geist der Finsternis zugehörig.[243] Dieselbe Vorstellung wird auch in mehreren Bibelstellen vermittelt, wie z.B. in Jeremias iv, 6: „Ich will Unheil aus dem Norden bringen und große Zerstörung."

Im Mittelalter bezeichnete man die Rosetten im nördlichen und südlichen Querschiff des *Lincolner Münsters* als „die beiden Augen der Kathedrale". Dabei war das erstere als „das Auge des Dekans" bekannt, der stets auf der Hut vor den Anfeindungen Luzifers sein musste, welcher seinen Wohnsitz „in den Regionen des Nordens" hatte (Jesaja xiv, 13). Das Fenster im südlichen Querschiff wurde dagegen „das Bischofsauge" genannt, „um die Einwirkung des Heiligen Geistes zu erbitten, dessen Symbol der Südwind war."

Was das Eindringen böser Geister in geweihte Räume betrifft, so gibt es eine kuriose Legende über eine kleine Steinfigur, genannt *„der*

*Lincoln Imp"*,[xv] die auf dem Kragstein einer Säule an der Nordseite des Engelschores derselben Kathedrale thront.

Einer Version der Legende zufolge wurde der Teufel dereinst schwer geprüft, als Bischof Remigius im Jahre nach der normannischen Eroberung nach Lincoln kam. Bis dahin hatte er nämlich die Angelegenheiten in dieser Stadt und ihrer Umgebung ungestört unter Kontrolle gehabt. Vergeblich versuchte der Höllenfürst, die Fertigstellung der Kirche zu verhindern. Schließlich lauerte er dem Bischof vor dem Gebäude auf und versuchte, ihn zu töten. Aber der gute Bischof rief in dieser verzweifelten Situation die Heilige Jungfrau Maria um Hilfe an. Sie sandte einen Sturmwind, der den Teufel so heftig hin- und herwarf und ihn ablenkte, sodass er Zuflucht in der Kirche suchte und es wegen des heftigen Windes nicht wagte, wieder hinauszugehen. Dieser weht auch heute noch häufig an diesem Ort und wartet auf das Wiederauftauchen des Teufels.

*„Der Bischof, ja, das wissen wir,*
*Er starb vor langer Zeit,*
*Der Wind, er wartet immer noch,*
*Und nimmer will er geh'n,*
*Bis siegreich seinen Feind er schlug.*
*Doch Satan sprang behend empor,*
*Und ward zum Lincoln-Imp.*
*Und sitzet auf dem Pfeiler droben,*
*Grinset all die Frommen an,*
*Und ihre ernsten Blicke.*
*Auch spottet er des Windes drunten:*
*‚Warten könnt ihr alle*
*Bis zum Jüngsten Tage! Oh'.“*[244]

[xv] Das Teufelchen von Lincoln. (Anm. Frank-Daniel Schulten).

*Der Lincoln Imp.*

In Süddeutschland, Bayern und Tirol entdeckt man ebenfalls das Hufeisensymbol auf Kirchentüren. Hier gilt es als Emblem des Heiligen Leonhard, des Beschützers der Pferde und der Reisenden. Meistens wird es dort mit einer lokalen romantischen Legende verknüpft, die oftmals auch einen wahren historischen Kern besitzt. Traditionen, die sich auf Hufeisen an Kirchenpforten beziehen, sind in der volkstümlichen Literatur Deutschlands reichlich vorhanden, und einige Beispiele werden wir später noch anführen.

Der 6. November, der Tag des Heiligen Leonhard, hatte seine ganz besonderen Bräuche. Die Bauern pflegten an diesem Festtag ihre Pferde zu einer Kirche zu führen, welche jenem Würdigen geweiht war. Dann ritten sie dreimal um das heilige Gebäude herum, ein Vorgang, der als besonders glücksbringend galt.[245] Außerdem war es Tradition, dass Adlige vor ihrem Aufbruch zu einer Reise zu Pferde ein Hufeisen als Votivgabe für den Heiligen Leonhard an der Kirchentür anbrachten.[246]

In Fischhausen, einem Hafendorf im Nordosten Preußens, wird diesem Patron an seinem Festtag eine besondere Würdigung zuteil: Bei dieser Gelegenheit ist die Pfarrkirche von Bauernwagen und anderen Karren umgeben, die von buntgeschmückten Pferden gezogen werden. Hier gibt sich die Landbevölkerung ein großes Stelldichein, und junge Frauen in Festtagskleidern treiben die Kühe herbei. Diese waren zuvor von ihren Sommerquartieren auf den Hochweiden geholt worden, damit auch sie an den Feierlichkeiten teilnehmen konnten. Zunächst wird in der Kirche ein Gottesdienst abgehalten, an dem zahlreiche Bauern teilnehmen. Dann folgen die Aktivitäten im Freien, die vor allem darin bestehen, dass die Pferde dreimal in raschem Galopp um das Gebäude getrieben werden.[247]

*Der Leonhardi-Ritt zu Fischhausen. Holzstich ca. 1880.*

Als vor vielen Jahren in Württemberg eine schwere Tierseuche wütete, entfernten die Menschen die Hufeisen ihrer Pferde und hängten sie als Sühneopfer an die Wände der Kirchen. Verschiedene andere eiserne Utensilien, wie z.B. Kettenglieder, wurden auf ähnliche Weise zur Schau gestellt.

*St. Leonhard. Holzschnitt von Albrecht Dürer.*

Eine alte St. Leonhard-Kapelle in der Stadt Laupheim ist von einer Eisenkette umgeben, die aus Hufeisen geschmiedet worden sein soll, die man als fromme Gabe gespendet hat.[248] Die größte Kirche, welche diesem Schutzpatron geweiht ist, befindet sich in Tölz, in Oberbayern, und ihr Altar ist ebenfalls von einer Eisenkette umgeben.

Bilder des Heiligen Leonhard werden bisweilen an den Stalltüren angebracht, um Glück zu bringen. Er wird zumeist mit einem Hirtenstab in der Hand dargestellt, während auf der einen Seite ein Fohlen (meist ein Stutenfohlen), auf der anderen ein kranker Ochse und zu seinen Füßen ein Lamm zu sehen ist.

In Norddeutschland gehört der Heilige Georg als christlicher Nachfolger Wodans ebenfalls zu den speziellen Hütern und Beschützern der Pferde. Am Festtag dieses Heiligen, dem 23. April, versammeln sich die Bauern in großer Zahl um eine ihm geweihte Kirche, und ihre Pferde und Karren, die bisweilen mehrere Hundert zählen, werden in einem Kreis um das Gotteshaus herum aufgestellt. Nachdem der Pfarrer in der Kirche seine Predigt gehalten hat, schreitet er zur Tür und segnet jedes Pferd einzeln, während es vorbeigeführt wird, und er besprengt es mit Weihwasser. Dann besteigen die jungen Männer ihre besten Rösser, und sie reiten mit ihnen dreimal in vollem Tempo um die Kirche, wobei sie lauthals schreien.

*St. Georg. Holzschnitt von Albrecht Dürer.*

Jahns merkt an, dass diese Zeremonie zweifellos ein Überbleibsel eines heidnischen Rituals ist und dass man an vielen Orten einen altehrwürdigen Baum anstelle einer christlichen Kirche als Treffpunkt am St. Georgstag wählte. Während des Ritts um den Baum wirft ein alter Bauer, der im Schatten darunter steht, auf jedes Pferd, das vorbeitrabt, ein wenig feuchte Erde, die von den Wurzeln des heiligen Baumes stammt.

So wie der Hammer das magische Emblem Thors gewesen war, wurde dem Hufeisen als dem Symbol des heidnischen Gottes Wodan ebenfalls eine heilige Bedeutung zugeschrieben. Man vermutet daher, dass jene alten Kirchen, an deren Türen man noch heute Hufeisen findet, auf den Stätten heidnischer Tempel errichtet wurden, welche dieser Gottheit geweiht waren. Der spätere Gebrauch von Hufeisen als Talismane sowie das Anbringen von Pferdeschädeln an Bauernhäusern sind daher ebenfalls heidnische Relikte. Auch jene Legenden, welche Hufabdrücke zum Thema haben, dürften auf die germanische Mythologie zurückgehen.

## Hufeisenlegenden

Noch vor einigen Jahren waren zwei Hufeisen an der Tür der Pfarrkirche von Haccombe in Derbyshire zu sehen. Eine romantische Legende, die mit diesen Eisen in Verbindung steht, wurde von einem Lehrer der *Exeter Grammar School* in der ersten Hälfte des 19. Jahrhunderts in einer Ballade verarbeitet. Diese Dichtung beschreibt anschaulich ein Wettrennen zwischen einem gewissen Earl of Totnes, der auf einem Derbyshire-Rappen ritt, und einem Sir Arthur Champernowne, der auf einem flinken Berberrennpferd galoppierte. Das Rennen gewann der Graf, der daraufhin direkt zur Tür der *Haccombe Church* ritt,

*„Dort fiel er betend auf die Knie,*
*Sprach manch' ein Ave Maria,*
*Und Brot und Geld den Armen er gab,*
*Und die Eisen des Schimmels*
*Nagelte er an die Kapellentür.*"[249]

In den Volksüberlieferungen des Harzes existiert eine sonderbare Sage über vier Hufeisen, die lange Zeit an einer Kirchentür im Außenbezirk der Stadt Klettenburg hingen:

Es war einmal, so erzählt man sich, da fand ein großes Wett-Trinken an einem Sonntagmorgen in Elrich statt. Der Preis war eine goldene Kette, und viele Ritter kamen von nah und fern. Das Trinkgelage dauerte einige Stunden, bis Graf Ernst von Klettenburg, der sich als einziger noch auf den Beinen halten konnte, die goldene Kette jubelnd an sich nahm und sie sich um den Hals hängte. Dann bestieg er sein Pferd und ritt nach Hause. Als er sich dem Dorfe Klettenburg näherte, da hörte er in einer Kirche, die dem Heiligen Nikolaus geweiht war, das Abendlied erklingen. Er spornte sein Pferd an und ritt wie wild durch die offene Pforte direkt zum Altar. Dann, so erzählt die Legende, fielen die vier Hufeisen des Pferdes ab, und Ross und Reiter verschwanden urplötzlich. Zur Erinnerung an dieses wundersame Ereignis wurden diese vier Hufeisen an der Kirchentür angebracht und viele Generationen lang von der einfachen Landbevölkerung mit Ehrfurcht betrachtet.[250]

Beim Bau der *Stephanskirche* in Tangermünde in Sachsen-Anhalt, einem Backsteinbau des vierzehnten Jahrhunderts, waren die Mitglieder zweier Zünfte besonders dienstbereit, nämlich die Schmiede und die Schuhmacher. Zur Erinnerung daran wurden ein Hufeisen und eine eiserne Schuhsohle in die Außenwand der Kirche eingemauert. Ersteres verweist darauf, dass die Schmiede die Mauern bis zur Höhe des Hufeisens gebaut haben, und letzteres zeigt auf, dass alle Arbeiten oberhalb des Hufeisens von den Schuhmachern ausgeführt worden sind. So lautet zumindest die volkstümliche Erklärung, der man wohl *cum grano salis* zustimmen kann.

In der Pfarrkirche von Schwarzenstein in Ostpreußen hängen zwei Hufeisen, die an die folgende Überlieferung erinnern: Im Dorf Eichmedien, eine Meile von Rastenburg entfernt, lebte einst eine Frau als Schankwirtin. Sie hatte sich einem argen Ruf erworben durch ihr Geschäftsgebaren, für Kost und Logis das Doppelte des üblichen Entgelts zu verlangen. Als sie eines Abends von mehreren Gästen beschuldigt wurde, eine Betrügerin zu sein, beteuerte sie ihre Ehrlichkeit, indem sie ihre Hand zum Schwur erhob und sprach: „Wenn meine Rechnung nicht stimmt, möge der Teufel mir jetzt auf den Rücken springen." Der Höllenfürst nahm die Frau sofort beim Wort. – Er verwandelte sie in eine Stute und ritt mit ihr unter höhnischem Gelächter aus dem Dorf heraus. In rasendem Tempo preschte er zu einer Schmiede in Schwarzenstein und verlangte, dass seine Stute sofort beschlagen werde. Der Schmied, der aus dem Schlaf gerissen wurde, verwies auf die späte Stunde und die Tatsache, dass in seiner Schmiede kein Feuer brannte, sodass er die Arbeit nicht ausführen konnte. Der Teufel beharrte jedoch darauf und versprach eine großzügige Entlohnung, wenn das Werk geschwind von statten ginge. Der Schmied willigte schließlich ein, war aber mit dem Zurichten der Hufeisen noch nicht weit fortgeschritten, als die Stute plötzlich zu sprechen begann: „Mein Vetter, kennst du mich denn nicht?", sagte sie, „ich bin die Schankwirtin." Daraufhin war der Schmied so entsetzt, dass ihn weder Drohungen noch Bitten dazu bringen konnten, mit dem Beschlagen fortzufahren. Bevor er das dritte Hufeisen fertiggestellt hatte, krähte ein Hahn, und augenblicklich war der Bann gebrochen, und die Frau nahm wieder ihre normale Gestalt an. Um die Moral dieser Sage zu unterstreichen und um Betrüger zu warnen, wurden die beiden Hufeisen, die der Schmied fertiggestellt hatte, in der Dorfkirche von Schwarzenstein aufgehängt.

Einer alten Überlieferung zufolge bat der Lappenkönig Olof Skötkonung (995–1030), der zum Christentum übertreten wollte, seinen königlichen Genossen, Ethelred II. von England, ihm deswegen einen Lehrer zu senden. Auf diese Bitte kamen Bischof Siegfried und drei Missionare nach Schweden. Sie landeten an der Südwestküste und lagerten in der ersten Nacht in Växjö an dem See mit dem Namen Södra Bergundasjön. Hier erschaute der Bischof in einer Vision eine große Schar von Engeln und beschloss daraufhin, an jenem Orte ein Gotteshaus zu erbauen. Die heidnischen Einwohner standen dem Vorhaben jedoch feindselig gegenüber. Daher ergriffen sie die drei Missionare Winaman, Unaman und Sunaman, enthaupteten sie und warfen ihre Köpfe ins Wasser.

Eines Nachts, bald nach diesem schrecklichen Ereignis, ging Siegfried seufzend und betend am Ufer des Sees entlang, als er plötzlich drei leuchtende Gegenstände auf dem Wasser erblickte, die von den Wellen herangetragen wurden. Bald sah er, dass es die Köpfe seiner Gefährten waren. Und siehe da, der erste Kopf sprach: „Die Toten werden gerächt werden.“ Und eine Stimme aus dem zweiten Kopf rief: „Wann?“ Da antwortete der dritte Kopf in feierlichem Ton: „An ihren Kindern und Kindeskindern.“ Diese Prophezeiung erfüllte sich jedoch nicht ganz, denn auf Siegfrieds Fürsprache hin willigte Olof ein, das Leben der Mörder zu verschonen, unter der Bedingung, dass man in Växjö eine christliche Kirche errichten würde. Dieses Gotteshaus existiert noch heute. In seinem Wappen und Siegel trägt es die Darstellung dreier abgeschlagener Köpfe, zur Erinnerung an diese Begebenheit und die damit verknüpfte Legende.

*Der Dom von Växjö. Postkarte, frühes 20. Jahrhundert.*

In jenem Dom hing seinerzeit auch ein Hufeisen von Wodans berühmtem Ross Sleipnir, zum Gedenken an die folgende Überlieferung: Als die Kirchenglocken zum ersten Male läuteten, um das Volk zur Messe zu rufen, da kam Wodan über die Berge geritten. Als er sich Växjö näherte, schlug Sleipnir in einem plötzlichen Schreck mit einem seiner Hufe gegen einen Felsen, und der Abdruck dieses kräftigen Hiebs ist bis heute im Gestein erhalten geblieben. Das Hufeisen aber fiel ab und wurde in der Kirche aufgehängt.[251]

*Wodan zu Pferde. Postkarte, frühes 20. Jahrhundert.*

Vor vielen Jahren, so erzählt eine alte Legende, erhielt ein Mann eine Anstellung auf einem Bauernhof in Norwegen, wo die Herrin, ohne dass er es wusste, eine Hexe war. Obschon der Arbeiter reichlich gutes und gesundes Essen bekam, gedieh er nicht, sondern wurde von Tag zu Tag dürrer. Da er darüber beunruhigt war, suchte er den Rat eines weisen Mannes, von dem er dann den wahren Charakter seiner Herrin erfuhr. Außerdem sagte ihm der Weise, dass sie ihn nachts, während er schlief, in ein Pferd verwandelte und mit ihm zur Kirche von Tromsø ritt. Dies sei auch der Grund für seine Auszehrung gewesen.

*Hexenritt. Holzschnitt, 17. Jahrhundert.*

Der weise Mann gab ihm eine magische Salbe, mit der er sich vor dem Schlafengehen den Kopf einreiben sollte. Als er am nächsten Morgen erwachte, da fand er sich mit einem Zaum in der Hand an der Kirche von Tromsø stehend wieder. Hinter ihm stand eine Reihe von Pferden, die an ihren Schwänzen zusammengebunden waren. Bald sah er seine Herrin aus der Kirche kommen, und als sie nahe genug bei ihm war, warf er ihr das Zaumzeug über den Kopf, woraufhin sie sich augenblicklich in eine hübsche Stute verwandelte. Er bestieg sie und ritt auf ihr nach Hause. Unterwegs hielt er jedoch bei einem Hufschmied an und ließ das Tier mit vier neuen Hufeisen beschlagen. Als er nun zu Hause anlangte, erzählte er seinem Herrn, dass er eine schöne Stute gekauft habe, die eine ausgezeichnete Gefährtin für jene Mähre sei, die er bereits besaß. Der Herr kaufte das Pferd zu einem guten Preis. Als er ihr aber das Zaumzeug abnahm, verschwand sie, und an ihrer Stelle stand die Hexenmeisterin, mit neuen Hufeisen an Händen und Füßen. Daraufhin erzählte der Mann die wundersame Geschichte seiner Erlebnisse, woraufhin die Frau vor die Tür gesetzt wurde. Die Hufeisen wurde sie jedoch niemals wieder los.[252]

Es war einmal ein Herr von Rang, der mit vier Pferden auf der Landstraße zwischen den Städten Tübingen und Hirschau in Württemberg unterwegs war. Als er einer Kapelle am Wegesrand gegenüberstand, spottete er über ein Madonnenbild, das diese schmückte. Sofort blieben seine Pferde stehen, und er konnte sie trotz energischen Drängens nicht zum Weitergehen bewegen. In dieser Verlegenheit rief er schließlich einen Priester, der als Buße die Entfernung eines Eisens vom rechten Vorderhuf jedes Pferdes verlangte. Daraufhin konnte der Herr seine Reise fortsetzen. Zum Gedenken an dieses Wunder wurde eines dieser Hufeisen an die Tür der Kapelle genagelt, wo es noch vor einigen Jahren zu sehen war.[253]

Eines Sonntagmorgens preschte ein finsterer Reiter auf einem schwarzen Ross in vollem Galopp durch das Dorf Nabburg in Bayern, direkt zum Schmied, um sein Pferd beschlagen zu lassen. „Willst du an einem Sonntag nicht ruhen?“, fragte der Schmied. „Mein Ross und ich reisen hin und her und kümmern uns nicht um den christlichen Sonntag“, antwortete der Reiter, „darum beschlage mein Pferd in des Teufels Namen, und ich rate dir, währenddessen kein frommes Wort zu sprechen, denn kein gottgefälliger Mensch hat jemals die Herrschaft über dieses rassige Tier erlangt.“ Mit diesen Worten sprang er zu Boden und streichelte die wallende Mähne seines Pferdes. Der

Schmied begann mit seiner Arbeit, obschon er sich nicht wohl dabei fühlte. Doch der Gaul war so ruhig, als wäre er verzaubert, sehr zum Erstaunen seines Herrn, der seinen Augen kaum trauen konnte. Drei Hufeisen waren schnell gesetzt, und der Schmied rief seinem Gehilfen zu: „Nun denn, in Gottes Namen, gib mir das letzte Hufeisen!“ Sofort bäumte sich das feurige Ross auf, schlug wild um sich und schleuderte ein Hufeisen mit solcher Wucht gegen die Wand, dass es bis heute dort feststeckt. Aber das Pferd und sein Reiter wurden nie mehr gesehen.[254]

*Wodan. Aus der Edda-Handschrift des Ólafur Brynjúlfsson (1760).*

In einer Mauer auf dem Gut Ludwigstein in Schleswig-Holstein befindet sich ein großer Stein mit dem Abdruck eines Hufeisens. Darüber erzählt man sich die folgende Sage: Eines Morgens, vor vielen Jahren, trabte ein Reiter die Straße entlang, als die Gebetsglocke der Kirche läutete. Daraufhin legte er einen Schwur ab und sprach: „Möge der Teufel mich holen, wenn ich heute Abend nicht wieder genau an dieser Stelle bin, wenn die Glocke abermals läutet." – Und tatsächlich hielt er sein Wort. Aber beim Schlag der Abendglocke rutschte sein Pferd auf jenem Stein aus und brach sich ein Bein, und der Abdruck seines Hufeisens ist noch immer dort zu sehen.

Um den Hufeisenabdruck auf dem Friedhof der Liebfrauenkirche in Münster rankt sich diese Sage: Während der Erbauung dieser schönen gotischen Kirche im vierzehnten Jahrhundert betrachtete der Teufel ihre wohlgeformten Proportionen mit wachsendem Missfallen. Daher erdachte er mancherlei Pläne, um den Fortschritt der Arbeiten zu behindern. Schließlich beschloss er, die Sinne des Baumeisters zu betören. So flocht er sich die Haare, kleidete sich in verführerische Frauenkleider, schmückte sich mit kostbaren Juwelen und erschien vor dem Bauherren, den er mit sanften Worten und Geschenken zu umgarnen suchte. Doch der Werkmeister ließ sich nicht täuschen. Er stützte sich auf seinen Meßstab und lauschte ungerührt den betörenden Reden der angeblichen Schönen. Auch das Gold und die Edelsteine, die sie ihm darbrachte, wies er verächtlich zurück. Daraufhin wurde der Teufel zornig. Er stampfte mit voller Wucht auf den Boden und verschwand, wobei er einen üblen Gestank hinterließ. Der Abdruck eines der eisernen Hufeisen, mit denen er beschlagen war, wurde tief in einen Stein auf dem Friedhof eingeprägt, und man kann ihn dort, wie der Volksmund berichtet, noch immer finden.

Angebliche Hufeisenabdrücke in Steinen, von denen es in Nordeuropa zahlreiche Beispiele gibt, werden von manchen Archäologen als heilige heidnische Symbole bzw. als Relikte des Wodankultes betrachtet. Sie sollen die Standorte vorgeschichtlicher Altäre und Grabstätten anzeigen. Andere wiederum behaupten, dass diese Gebilde ursprünglich als Grenzmarkierungen gedacht waren. In zahlreichen Überlieferungen werden sie mit Schlachten in Verbindung gebracht, die an diesen Orten stattgefunden haben sollen. In den Vorstellungen des Volkes zeigen sie auch die Lieblingsorte der Hexen an, jene Treffpunkte, an denen sie ihre Gelage abhalten, wobei das Hufeisenzeichen ein Abdruck des Teufelsfußes ist. Diese furchterregenden Versammlungsorte befinden sich zumeist auf Berggipfeln oder Hügeln, und sie sind in verschiedenen Teilen Europas, vor allem in Deutschland, immer noch als Hexentanzplätze verschrien.

## XX. Zusammenfassung der Theorien über den Ursprung des Hufeisenaberglaubens

Auf den vorangegangenen Seiten haben wir versucht, plausible Gründe für die weltweit verbreitete Beliebtheit des Hufeisens und seiner Form als Amulett und Glücksbringer aufzuzeigen. Es ist jedoch offensichtlich, dass dieser Aberglaube nicht auf einen einzigen speziellen Ausgangspunkt zurückgeführt werden kann. So wie die Ursprünge eines Flusses vielfältig sein können und aus zahlreichen Quellen und Nebenflüssen bestehen, so besitzt auch der Glaube an die magischen Eigenschaften des Hufeisens eine komplexe Herkunft und lässt sich auf unterschiedliche Anfänge zurückführen. Es mag daher nützlich sein, die verschiedenen Theorien, die wir vorgebracht haben, noch einmal kurz zusammenzufassen:

- Beim jüdischen Passahfest bildete Blut, das auf den Türsturz und die Türpfosten gespritzt wurde, die Hauptpunkte eines Bogens. Dies könnte die angebliche Macht bogenförmiger Talismane begründen.
- Die magische Wirkung des Hufeisens gegen Hexen und Unholde wird auf seine zweizinkige Form und auf seine Ähnlichkeit mit der Mondsichel zurückgeführt. Es ist bekannt, dass Geschmeide in ähnlicher Form bereits bei den alten Chaldäern gebräuchlich waren.

- Eisen und Stahl gelten traditionell als Metalle mit Abwehrkraft gegen böse Feen und Kobolde.
- Die Schlangenform. – Die Schlangenverehrung war bei den Naturvölkern beinahe universell verbreitet, und Amulette in dieser Form waren bereits im alten Rom gebräuchlich.
- Der sogenannte „Hufeisenbogen" galt als Sinnbild einer schützenden und wohlwollenden Macht.
- Die antike Vorstellung, dass die Erde die Form eines runden, auf den Kopf gestellten Bootes besitzt, welche auch dem ägyptischen Put-Zeichen entspricht.
- Das Pferd. – Dieses Tier wurde von den frühen germanischen Stämmen verehrt, und auch die englische Mythologie schreibt ihm glücksbringende Eigenschaften zu.
- Der skandinavische Aberglaube an die Dämonenstute.
- Der alte astrologische Grundsatz, dass Mars, der Gott des Krieges und der Schlachtrösser, der Gegenspieler Saturns ist, des Lehnsherrn aller Hexen.
- Die Legende vom Heiligen Dunstan und dem Teufel.
- Man kann geschlechtliche Symbolik darin erkennen.
- Die Ähnlichkeit mit einem Heiligenschein bzw. der Aureole oder des Nimbus.
- Den Schmieden wurden übernatürliche Fähigkeiten zugeschrieben.
- Die ägyptische Hieroglyphe ∩, welche das mythische Tor des Lebens symbolisiert.

- Die Hufabdrücke von Pferden sind häufige Themen in der Mythologie und sonstigen Überlieferungen.
- Das Hufeisen ist das Symbol des heidnischen Gottes Wodan.

## XXI. Schlussfolgerung

Was auch immer der Ursprung der abergläubischen Verwendung des Hufeisens sein mag, sein Gebrauch als Glücksbringer scheint vergleichsweise modern zu sein, wobei seine früheste Benutzung darin bestand, Hexen, böse Geister und andere dämonische Wesen abzuwehren.

Bevor ich das Thema verlasse, möchte ich einen Auszug aus einem Artikel in der *„London World"* vom August 1898 wiedergeben, der sich gegen die Aufhebung des sogenannten Hexengesetzes[xvi] wendet und in dem der Verfasser den folgenden satirischen Rat an alle gibt, die es betrifft:

„Die einzige Methode, die ich kenne, um sich zuverlässig vor Hexenzauber zu schützen, vor allem, wenn man eine moderne Person ist und niemals das Vaterunser gelernt hat, besteht darin, ein Hufeisen an die Türschwelle zu nageln. Ich kann nämlich bestätigen, dass dies allerhöchste Wirksamkeit besitzt, denn ich habe schon so manches Häuschen auf dem Lande mit einem Hufeisen an der Tür gesehen, in dem Glücksspiel, Ausschweifung, Jakobinertum und der gesamte Katalog des Hexengesetzes völlig unbekannt waren."

Die Welt bewegt sich, und die Zivilisation schreitet voran, aber der alte Aberglaube bleibt bestehen. Das rostige Hufeisen, das man auf der Straße findet, wird weiterhin als Glücksbringer geachtet, und man

[xvi] Der britische „Witchcraft Act", ein Hexengesetz aus dem Jahr 1735, wurde erst 1951 von Winston Churchill abgeschafft. Noch 1944 verurteilte ein Gericht die Spiritistin Helen Duncan auf seiner Basis zu einer Gefängnisstrafe. (Anm. Frank-Daniel Schulten).

wird es zweifellos auch in Zukunft dergestalt schätzen. Die menschliche Natur ändert sich nämlich nicht, und der Aberglaube ist nun einmal ein fester Teil von ihr.

*Anhang:*

## Glück und Unglück

*Ist das Glück dir hold, so sei nicht keck,*
*Runzelt es die Stirne, so verzage nicht.*
*Ausonius*

*Wenn das Glück den Menschen am meisten Gutes bringt,*
*Da schaut es mit drohendem Blicke sie an.*
*Shakespeare, King John, III, 4,119*

*Wenn die lächelnde Fortuna ihren goldenen Strahl ausbreitet,*
*Drängen alle sich, um zu schmeicheln und zu parieren,*
*Aber wenn vom zornigen Himmel sie donnert,*
*Da flüchten unsere Freunde, unsere Schmeichler, unsere Liebhaber.*
*Ovid*

*Da das Glück in unserer Macht nicht liegt,*
*Lasse uns so wenig wie möglich in seiner sein.*
*Steele*

## I. Tyche, die griechische Glücksgöttin

Zu den beliebtesten Gottheiten der alten Griechen gehörte Tyche, die Göttin des Glücks, deren Verehrung laut Plutarch jene des Schicksals ergänzte. Sie herrschte über alle zufälligen Ereignisse und verteilte sowohl Segen als auch Unglück. Wenn sie jedoch ihre Gunst allzu großzügig bescherte, zog sie sich die Eifersucht von Nemesis zu, der Göttin der Vergeltung.

*Die Göttin Tyche. Römische Skulptur nach griechischem Vorbild.*

Die Glückgöttin Tyche wird in den Werken der frühesten griechischen Dichter nicht erwähnt. Sowohl Homer als auch Hesiod spielen jedoch auf eine Meeresnymphe dieses Namens an, die mit Proserpina[xvii] Blumen pflückte, als diese von Pluto entführt wurde.

Der thebanische Lyriker Pindar scheint die Verehrung der Tyche begründet zu haben, die er in seinen Versen feierte und der er den Titel *„Pharopolis"* oder *„Beschützerin der Städte"* beilegte.[255] Gegen Ende des fünften vorchristlichen Jahrhunderts wurde diese Göttin dann in Griechenland allgemein als Herrscherin der weltlichen Angelegenheiten angesehen. Während Zeus der mächtigste aller Götter war, wurde Tyche von einigen als Verkörperung der Vorsehung betrachtet.[256] Im

[xvii] Die römische Göttin der Unterwelt, die nach der im Text erwähnten Entführung zu Plutos Gemahlin wurde. (Anm. Frank-Daniel Schulten).

Allgemeinen wurde sie jedoch mit dem Zufall bzw. dem Glück gleichgesetzt. Der berühmte ionische Philosoph Anaxagoras schrieb, dass das Glück eine Ursache sei, welche der menschlichen Vernunft unzugänglich sei, denn manche Dinge geschähen durch Notwendigkeit, andere durch verhängnisvolles Schicksal, und wiederum andere durch bewussten Ratschluss.[257]

## II. Die römische Göttin Fortuna

Die Verehrung der Göttin des Zufalls – Fortuna – wurde aus Griechenland während der Herrschaft von Servius Tullius in Rom eingeführt und erfreute sich bald großer Beliebtheit. Tatsächlich war Fortuna zu einer bestimmten Zeit die wichtigste Gottheit des Römischen Reiches. Die Plebejer und Sklaven feierten alljährlich am vierundzwanzigsten Juni ein Fest zu Ehren jener Göttin, die Reichtum und Freiheit zu schenken vermochte. Plinius schreibt, dass der Zufall oder das Glück, durch das uns so viel widerfährt, eine göttliche Macht sei. Plutarch versucht in seinem Werk über „das Glück der Römer" aufzuzeigen, dass die großen Errungenschaften jenes Volkes eher auf Zufall denn auf Klugheit oder Geschicklichkeit zurückzuführen seien. Als Beispiel führt er an, dass das Land nur deshalb einer Invasion entging, weil Alexander der Große im Jahre 323 v. Chr. just zu jenem Zeitpunkt in Babylon verstarb, als er sich anschickte, Rom mit seinen Armeen zu überrennen.

Der römische Biograph Cornelius Nepos sagte über den griechischen General Eumenes von Kardia (361–317 v. Chr.), dass er auch dann nicht ruhmreicher gewesen wäre, wenn die ihm von Fortuna gewährten Gunstbeweise seinen großen Begabungen entsprochen hätten. Große Männer sollten nämlich nur nach ihren Fähigkeiten gemessen werden, nicht nach ihrem Glück oder Unglück.

*Fortuna mit Füllhorn. Holzschnitt, 17. Jahrhundert.*

Der holländische Gelehrte Desiderius Erasmus schrieb, dass Diogenes diejenigen scharf zu tadeln pflegte, welche dieser Göttin die Schuld zuwiesen, wenn ihre Angelegenheiten nicht gediehen. Ebenfalls deutlich kritisierte er die weitverbreitete Gewohnheit, von der Herrin des Glücks nicht das zu erbitten, was tatsächlich gut war, sondern nur jenes, das den Bittstellern als solches erschien.

Philipp von Makedonien dankte der Fortuna für ihre große Güte, wenn er die Nachrichten von immensen Siegen seiner Generäle erhielt. Er bat die Göttin dann bescheiden darum, dass sie ihm „zu einer späteren Zeit erneut etwas Licht und Klugheit" gewähren möge.

Erasmus lobte Philipps Besonnenheit und Vernunft. Er bemerkte etwas schrullig, dass dieser weise und erfahrene König nicht übermütig in der Gegend herumsprang, wenn er gute Nachrichten erhielt, sondern dass er den Verhätschelungen Fortunas misstraute, von der er wusste, dass sie eine launische Herrin sei.

## III. Fortunas Charakter

Von allen heidnischen Gottheiten wurde Fortuna am universellsten und am häufigsten verehrt, denn alle Menschen mussten zu ihren Füßen liegen – die Wohlhabenden aufgrund von Furcht, und die Unglücklichen aufgrund ihrer Hoffnung.[258] Auch war sie eine launische Göttin. Sie bevorzugte nämlich nicht nur die Tapferen, wie es in dem bekannten Spruch von Terenz heißt[xviii], sondern sie hegte auch eine ausgesprochene Vorliebe für Narren, wenn man einer weiteren klassischen Sentenz glauben darf: *Fortuna favet fatuis*[xix]. Ein anderer antiker Dichter wiederum schrieb: *Legem veretur nocens, Fortunam, innocens*[xx].

Der Satiriker Juvenal sagte, wenn die Menschen unauffällig seien, besitze Fortuna keine Macht über sie. Als sie in Rom Einzug hielt, faltete sie schließlich ihre Schwingen als Zeichen dafür, dass sie dort zu verbleiben gedachte. Hier waltet sie weiterhin, denn der heutige Römer glaubt genauso fest an das Glück, sei es nun gut oder schlecht, wie der römische Bürger vor zweitausend Jahren.[259] Bei den Alten wurde ein glückliches Ereignis, etwas Unerwartetes, das sich zur rechten Zeit ereignete, einer plötzlichen Laune oder einer Kaprice der Göttin zugeschrieben. Im Gegensatz dazu maß man den Erfolg einer

---

[xviii] Gemeint ist der Ausspruch: „*Den Starken hilft das Glück. – Fortes fortuna adiuvat.*“ (Anm. Frank-Daniel Schulten).

[xix] Fortuna begünstigt die Dummen. (Anm. Frank-Daniel Schulten).

[xx] Der Schuldige fürchtet das Gesetz, der Unschuldige Fortuna. (Anm. Frank-Daniel Schulten).

planvollen Unternehmung jener Gunst bei, welche sie in nüchterner Stimmung zu gewähren pflegte.[260]

„Warum wurde Fortuna zu einer Göttin erhoben?“, fragte der Heilige Augustinus, „wo sie doch derart blind ist, dass sie unterschiedslos zu jedem eilt, und dennoch oftmals an ihren Verehrern vorbeiläuft, um sich an jene zu klammern, welche sie verachten.“[261] Cicero wiederum merkte an, dass Fortuna nicht nur selbst blind sei, sondern dass sie auch ihren Anhängern oftmals das Augenlicht raube.

Plinius berichtet über die religiösen Überzeugungen seiner Zeit: „Überall auf der Welt, an allen Orten und zu allen Zeiten ist Fortuna die einzige Gottheit, die jeder anruft: Allein von ihr wird geredet, sie allein klagt man an und spricht sie schuldig, einzig sie erfüllt unsere Gedanken, wird gelobt, getadelt und mit Vorwürfen belegt. Wankelmütig wie sie ist, betrachtet die Allgemeinheit der Menschen sie als blind, als umherschweifend, unbeständig, unsicher, wechselhaft und oftmals den Unwürdigen zugeneigt. Ihr sind alle unsere Verluste und alle unsere Gewinne zuzuschreiben, und beim Zusammenrechnen der Konten der Sterblichen ist sie allein es, welche die beiden Seiten unseres Guthabens ausgleicht. Wir stehen so sehr unter der Macht des Zufalls, dass der Zufall selbst als Gottheit betrachtet wird.“

Die Darstellungen der Glücksgöttin, die man in antiken Statuen, Flachreliefs, Medaillen und Münzen findet, bilden ihre mannigfaltigen unterschiedlichen Charaktereigenschaften ab. Ihr ältestes Bildnis stammt wahrscheinlich aus Smyrna und ist das Werk des bedeutenden Bildhauers Bupalus, der im sechsten Jahrhundert v. Chr. lebte. Darin wird sie mit einer Halbkugel auf dem Kopf und dem Horn der Amaltheia[xxi] in der linken Hand dargestellt, das die Verteilung aller guten Gaben symbolisiert.[262]

[xxi] Eine Nymphe der griechischen Mythologie, die ein Füllhorn trägt. (Anm. Frank-Daniel Schulten).

*Fortuna mit ihren Insignien. Holzschnitt von Albrecht Dürer.*

Ihre Undurchschaubarkeit wurde von Künstlern versinnbildlicht, welche sie mit einer Binde vor den Augen darstellten, oder mit einem Ruder, das die weltlichen Angelegenheiten lenkt. Auch ein Rad bzw. eine Kugel, die ihre Unbeständigkeit symbolisieren, findet man häufig. Auf einem Gemälde von Johann Georg Sulzer (1720–1779) sitzt Fortuna auf einem Thron, der von widerstreitenden Winden in der Höhe gehalten wird. In ihrer Hand hält sie einen Zauberstab, und ihr Antlitz drückt Flattersinn und Wankelmut aus, während man in ihrem Gefolge Reichtum, Armut, Despotismus und Sklaverei erblickt.

In der Villa d'Este, in der Nähe der italienischen Stadt Tivoli, befindet sich ein Gemälde von Federico Zuccari (1540–1609), das Fortuna rittlings auf einem Straußenvogel zeigt. Dies ist eine allegorische Andeutung darauf, dass diese Göttin eine Vorliebe für die Einfältigen hat.[263] In ihrem Tempel in Theben hielt ihre Figur den Knaben Plutos, die Personifizierung des Reichtums, in ihren Armen. Zuweilen wurde sie von einem geflügelten Jüngling namens Favor begleitet, um zu zeigen, wie rasch ihre Gunst [englisch favor] von uns entfleuchen kann.[264] Auch ein geflügelter Amor war mitunter ihr Gefährte. Von ihm nahm man an, er bedeute, dass in der Liebe die Schönheit einen weniger dauerhaften Einfluss besitze als das Glück.[265]

Ihre zahlreichen Titulierungen waren in der Regel schmeichelhaft, wie „die goldene" oder „die königliche Fortuna". Horaz, Ovid und andere Schriftsteller sprachen jedoch despektierlich von ihr und bezeichneten sie als ungerecht, wankelmütig und voller Freude am Unheil. Ein vorwurfsvoller Namenszusatz, den man ihr beilegte, war *viscosa*, also „die Zähe" oder „die Klebrige", weil sich die Menschen in ihren Machenschaften verfangen wie Vögel an Leimruten.[266]

So moralisiert der Abbé Banier in seiner *„Mythology and Fables of the Ancients"* über das Glück bzw. den Zufall, den guten wie den schlechten:

„Da die Menschen seit jeher die irdischen Güter hoch geschätzt haben, ist es kein Wunder, dass sie auch das Glück anbeteten. – Dummköpfe, die statt einer intelligenten Vorsehung, welche Reichtümer und irdische Güter weise verteilt, obgleich ihre Absichten dunkel und für den Menschen unergründlich sein mögen, ihre Gebete an ein imaginäres Wesen richteten, das ohne Plan und aus dem Impuls unvermeidlichen Zwanges handelt! Es steht nämlich außer Frage, dass Fortuna im heidnischen System nichts anderes als die Personifizierung des Schicksals gewesen ist. Dementsprechend wurde sie auch, wie wir später sehen werden, mit den Parzen[xxii] verwechselt, die ebenfalls jene fatale Unvermeidlichkeit verkörperten, über welche die Dichter so viel sinniert haben."

*In der Mitte die drei Parzen Clotho, Lachesis und Atropos.*
*Links eine Furie, rechts noch einmal ein Bild der Lachesis.*

Wir erfahren vom Historiker Suetonius, dass die frühen römischen Kaiser kleine Bilder der Fortuna umsorgten, die sie als besondere Schutzgottheiten verehrten.

Diese Göttin soll einst dem vorchristlichen Kaiser Galba in einer Vision erschienen sein. Darin teilte sie ihm mit, dass sie ermattet vor seiner Tür stehe und jeder, der ihm lieb und teuer sei, ihr zum Opfer fallen würde, wenn er sie nicht bald einließe. Als er erwachte, fand er vor der Eingangshalle seines Palastes tatsächlich eine Bronzefigur der Fortuna. Er verbarg sie unter seinem Gewand und brachte zu seiner Sommerresidenz in Tusculum. Dort errichtete er ein Heiligtum für diese Statue, sprach monatlich Gebete und hielt alljährlich eine Nachtwache zu ihren Ehren ab. Einmal wollte Galba seinem kleinen

[xxii] Die drei Schicksalsgöttinnen der römischen Mythologie. Siehe die obige Abbildung. (Anmerkung Frank-Daniel Schulten).

Schutzgenius eine Kette aus Perlen und Edelsteinen darbringen. Er überlegte es sich jedoch anders und opferte sie stattdessen der Kapitolinischen Venus. In der darauffolgenden Nacht erschien Fortuna dem Kaiser erneut im Traum und beklagte sich darüber, dass sie um das beabsichtigte Geschenk betrogen worden sei. Sie drohte, ihm die mannigfaltigen Vorteile, die sie ihm gewährt hatte, wieder zu entreißen. Darüber geängstigt, schickte Galba am frühen Morgen einen Boten aus, um ein Opfer vorzubereiten, und er selbst eilte nach Tusculum. Dort fand er aber zu seinem Entsetzen auf dem Altar des Heiligtums nichts mehr vor außer heißer Asche. Daneben stand ein schwarz gewandeter Greis, der in der einen Hand eine Glasplatte mit Weihrauch und in der anderen ein Tongefäß mit Opferwein hielt.[267]

Einige Verse mit wenig schmeichelhaften Anspielungen auf den Charakter Fortunas waren einst an einer Kammerwand in *Wressell Castle* in Yorkshire zu sehen, einem Gebäude aus dem späten vierzehnten Jahrhundert, das 1706 durch einen Brand zerstört wurde:

„Das Sprichwort auf der Seite der äußersten Kammer oberhalb der Löwen im Garten von Wressell:

*Nichts lege auf Fortuna an,*
*Deren Gaben wie Träume entschwinden.*
*Erlangest mehr du von ihren schwankenden Gunstbeweisen,*
*Da nähert sich rascher das Ungemach dir.*
*So setze dein Vertrauen nicht in die blinde Fortuna,*
*Denn ihr Glanz, der rostet doch bald.*
*Fortuna ist wankelmütig. Fortuna ist blind.*
*Unbeständig und harsch ist all ihr Lohn.*
*Verwerfe Fortunas launische Pracht,*
*Von der weltlicher Ruhm strömt und doch viel Bitterkeit.*
*Setze dein Vertrauen und richte deinen Sinn auf den,*
*Der, wenn Fortuna versagt, dich nimmer verlässt.*‘[268]

In den meisten zivilisierten Nationen der Gegenwart wird die Glücksgöttin nicht offen verehrt, obschon die Japaner sieben Glücksgottheiten kennen, die vergleichsweise neuzeitliche Götter sind. Sie stammen aus verschiedenen Quellen, nämlich ihrer eigenen ursprünglichen Shinto-Religion, aus dem Buddhismus sowie dem chinesischen Taoismus.[269]

Die tibetischen Lamas führen jedes Jahr einen besonderen Sündenbock-Ritus durch, den sie als „Jagd auf den Dämon des Unglücks" bezeichnen. Einer der Lamas sitzt dann eine Woche vor der eigentlichen Zeremonie in fantasievollen Gewändern und mit grotesk bemaltem Gesicht auf dem Marktplatz. Am Tage des Rituals schreitet dieser Würdige, den man den „Geisterkönig" nennt, dann umher und schwenkt einen schwarzen Yakschwanz über den Köpfen der Menschen, wodurch sich ihr Unglück auf magische Weise auf ihn selbst überträgt.[270]

## IV. Tempel des Glücks

Zu Ehren der Göttin Tyche wurden in Elis, Korinth und anderen griechischen Städten Tempel erbaut, und im zweiten nachchristlichen Jahrhundert errichtete der bedeutende Philanthrop Herodes Atticus ihr ein Heiligtum in Athen, von dem man glaubt, dass seine Überreste noch existieren.[271]

Der westliche Vorort von Syrakus in Sizilien wurde Τύχη benannt, nach einem Tempel der Tyche, der ihn einst schmückte.

Bei den Römern wurde die Verehrung der Fortuna so populär, dass ihre Tempel die aller anderen Gottheiten übertrafen.

„Wir haben Tausend Tempel für das Glück gebaut, und keinen einzigen für die Vernunft", bemerkte Fronto, der würdige Lehrer des Kaisers Marcus Aurelius. Von all diesen heidnischen Bauten in Rom ist heute nur noch einer erhalten, nämlich der Tempel der *Fortuna Virilis*, die heutige Kirche *Santa Maria Egiziaca*.[272] Es handelt sich dabei um ein kleines ionisches Gebäude mit vier Säulen, das am linken Ufer des Tibers liegt, etwas nördlich des sogenannten Sonnentempels. Der berühmteste Fortuna-Tempel Italiens befand sich jedoch in Preneste, einer alten lateinischen Stadt, die heute Palestrina heißt. Hier wurden Orakel konsultiert, und Flüchtlinge fanden Unterschlupf.

In Großbritannien existieren noch einige Altäre zu Ehren Fortunas, die aus der Zeit der römischen Besatzung stammen. Einer davon, am Antoniuswall in Schottland, wurde von Soldaten der zweiten und sechsten Legion errichtet. Ein weiterer Altar, welcher dieser Göttin geweiht ist, wurde im Hauptquartier der sechsten Legion in Eboracum, der heutigen Stadt York, gefunden. Er wird nach wie vor im dortigen Museum ausgestellt.[273] Die Inschrift auf diesem Altar hat der Verfasser kürzlich während eines Besuchs in York abgeschrieben. Sie lautet wie folgt:

**DEÆ FORTUNÆ**
**SOSIA**
**LUNCINA**
**Q. ANTONI**
**ISAURICI**[xxiii]

## V. Das Glück, damals und heute

Das englische Wort „luck“ ist nach Ansicht einiger Autoritäten skandinavischen Ursprungs, während andere es für die Vergangenheitsform eines angelsächsischen Verbs halten, das „fangen“ bedeutet.

---

[xxiii] Übersetzt bedeutet dies:
**„Der Göttin Fortuna,**
**Sosia,**
**Luncina,**
**Q. Antonius,**
**Isauricus,**
**Legion des Augustus.“** (Anmerkung Frank-Daniel Schulten).

„Luck" bedeutet demnach, „einen guten Fang zu machen", und es ähnelt dem deutschen Wort „Glück".

Man hat treffend bemerkt, dass sehr viele eigentlich strenggläubige Menschen, die nicht einen Moment lang zugeben würden, abergläubisch zu sein, dennoch gegenüber der Faszination dieser kleinen Einsilbigkeit nicht unempfindlich sind. Als Christen bekennen sie sich zum Glauben an die göttliche Vorsehung, und doch fallen sie oft, weil sie ihr Wirken nicht verstehen können, derart weit ins Heidentum zurück, dass sie sich heimlich an die Göttin Fortuna wenden. – Der Aberglaube ist ein unausrottbares Element der menschlichen Natur! Die vereinten Kräfte der Religion, der Bildung, der Philosophie und des gesunden Menschenverstandes sind in einem steten Kampf dagegen verbündet. Die Tausenden und Abertausenden kleinen Glaubenssätze, die einen zentralen Teil des heutigen Volksglaubens ausmachen, mögen die seltsamsten Skurrilitäten und Bagatellen enthalten, aber sie sind ein deutlicher Beweis für die Hartnäckigkeit traditioneller Vorstellungen. – Der zeitgenössische Seemann trägt in seiner Tasche ein Stück Seehundfell oder einen Adlerschnabel, um sich vor Blitzen zu schützen, und der Südstaatenbewohner besitzt eine Hasenpfote sowie zahlreiche andere ausgefallene Fetische, die allesamt Glück bringen sollen.

Die schwarzen Bewohner der amerikanischen Südstaaten haben eine tief verwurzelte Vorliebe für das Übernatürliche, dort findet man eine eigentümliche Mischung aus Aberglauben und Religion. In Missouri zum Beispiel finden wir eine befremdliche Verbindung von afrikanischem Voodoo-Glauben, den Traditionen der amerikanischen Ureinwohner und religiösem Fanatismus. So lesen wir in den *„Voodoo Tales"* von Mary A. Owen von einer alten Frau, die ihre Medizinpfeife und eine Pfeife mit Adlerknochen neben ihren christlichen Andachtsbüchern aufbewahrte. Sie barg einen Rosenkranz und eine Hasenpfote in derselben Tasche, ließ den Zehenknochen eines Heiligen auf ihrer Brust baumeln und trug eine Glückskugel unter ihrem rechten Arm.

Es wurde treffend bemerkt, dass nur Menschen mit einer Neigung zu müßigen Fantasien Unglück als Folge vermeintlicher böser Vorzeichen betrachten. Doch wir wissen, dass derartige Vorstellungen zu allen Zeiten und in allen Ländern verbreitet sind. Die alten Chaldäer bedienten sich magischer Formeln, um das Unglück abzuwehren, und auch Tacitus berichtet, dass das römische Volk selbst die unbedeutendsten Ereignisse als Vorzeichen deutete. – Welch einen Kontrast zur Naivität seines abergläubischen Zeitalters bietet die häufig zitierte Bemerkung von Cato dem Zensor, der sich weigerte, es als unheilvoll anzusehen, als ihm mitgeteilt wurde, dass seine Stiefel von Ratten angenagt worden waren: „Wenn die Stiefel die Ratten angenagt hätten", sagte er, „*das* hätte Unheil verheißen können."

Auch in diesem irischen Sprichwort steckt viel Weisheit:

*„Jeder Mensch hat irgendwann einmal Unglück, das auf ihn wartet, aber lasse das Unglück bis ganz zum Ende auf sich warten, vielleicht kommt es ja nie."*

Wenn wir die verschiedenen und vielfältigen Missgeschicke unseres Lebens nur dem Unglück zuschreiben, übersehen wir, dass diese unliebsamen Erfahrungen oftmals die direkte Folge unserer eigenen Unzulänglichkeiten sind. – Die wankelmütige Göttin sollte daher nicht ständig als unser Sündenbock herhalten!

*„Fire controlled". Statue von Karl Bitter. Weltausstellung in Chicago 1893.*

## Nachwort

## Die wetterwendische Göttin

Als Kind war es einer meiner größten Träume, eines Tages ein Hufeisen zu finden, von dem man mir so oft erzählt hatte, dass es mühelosen Reichtum und Glück bringen würde. Aber obwohl ich in der Nähe eines bekannten Reitvereins mit einer riesigen Reithalle lebte und mich oft dort aufhielt, war es mir zu meinem großen Bedauern nie vergönnt, ein abgeworfenes Hufeisen zu entdecken – im Gegensatz zu einem vierblättrigen Kleeblatt.

Das Streben nach Glück ist eine der universellsten und tiefsten Bestrebungen der Menschheit. Seit Anbeginn der Zeit haben Menschen nach Wegen gesucht, positive Einflüsse in ihr Leben zu ziehen, sei es durch Rituale, Symbole, Bräuche, Drogen, spirituelle Techniken oder Glaubenssysteme. Glück ist ein flüchtiges Konzept – ein Zustand des Wohlbefindens, der Zufriedenheit und der Erfüllung. Philosophisch gesehen hat es viele Gesichter: Es kann durch materielle Güter, emotionale Verbindungen, spirituelle Erleuchtung oder durch ein tiefes Gefühl der Sicherheit und Geborgenheit gefunden werden.

In der Antike wurde das Glück oft als Gunst der Götter betrachtet. Tyche, die griechische Glücksgöttin, und Fortuna, ihre römische Entsprechung, verkörperten das unberechenbare und oft launische Wesen des Zufalls. Diese Gottheiten wurden verehrt und zugleich gefürchtet, da sie das Schicksal einer Person mit einer einzigen Geste verändern konnten. – Zum Guten wie zum Schlechten! Der Mensch versuchte, diese göttliche Gunst durch Opfergaben, Rituale und Talismane zu erlangen, um Fortuna auf seine Seite zu ziehen und das Unheil fernzuhalten.

Im Laufe der Jahrhunderte hat sich das Verständnis von Glück weiterentwickelt. Während seine materielle Dimension nie ganz verschwunden ist, haben moderne Philosophien und Wissenschaften dieses Phänomen zunehmend als psychologischen und sozialen Zustand untersucht. „Positive Psychologie", eine relativ neue Disziplin, die sich auf das Wohlbefinden und die positiven Aspekte des menschlichen Erlebens konzentriert, hat gezeigt, dass Glück oft in zwischenmenschlichen Beziehungen, Sinnhaftigkeit und der Verwirklichung persönlicher Ziele gefunden wird. Die schier unüberschaubare Fülle an einschlägiger Ratgeberliteratur zeugt von der ungebrochenen Faszination, die dieses Thema ausübt.

Auch Symbole haben schon immer eine zentrale Rolle im menschlichen Leben gespielt. Sie dienen als Brücken zwischen dem Sichtbaren und dem Unsichtbaren, dem Konkreten und dem Abstrakten, dem Sagbaren und dem Unaussprechlichen. Ein Emblem kann eine tiefe emotionale Resonanz auslösen und Bedeutung über Generationen hinweg transportieren. Das Kreuz, eines der bekanntesten Symbole der Welt, repräsentiert für viele das Christentum und die Erlösung, aber es kann auch als Zeichen des Leidens und der Unterdrückung gesehen werden.

In der modernen Welt sind Symbole nach wie vor allgegenwärtig und haben sich weiterentwickelt. Verkehrsschilder und Emojis, kleine digitale Piktogramme, sind nur zwei Beispiele für neue Symbolik, die indes keine tiefergehenden Ideen transportiert, sondern sich im profanen Alltagsgebrauch und seinen flüchtigen Kontakten erschöpft.

Alte und neue Sinnbilder existieren oft nebeneinander und interagieren miteinander. Sie können Brücken zwischen verschiedenen Kulturen, Zeiten und Welten schlagen. Während beispielsweise ein Yin und Yang-Zeichen oder ein Pentagramm tief verwurzelte historische und kulturelle Bedeutungen besitzt, können andere dazu beitragen, die Nuancen zwischenmenschlicher Kommunikation zu vermitteln. Diese

Embleme prägen unser tägliches Leben und beeinflussen, wie wir die Welt um uns herum wahrnehmen und mit ihr interagieren.

Das Hufeisen ist ein perfektes Beispiel für die fortdauernde Relevanz und Macht der Symbole. Ursprünglich als funktionales Objekt geschaffen, entwickelte es sich zu einem mächtigen Talisman und Glücksbringer. Seine Form, seine Verbindung zum Pferd sowie die Materialien, aus denen es gefertigt wird, tragen alle zu seiner symbolischen Bedeutung bei. Ein Hufeisen kann gleichzeitig Schutz, Stärke und Glück repräsentieren – Eigenschaften, die in vielen Kulturen und Zeiten hoch geschätzt wurden. Von diesen zahlreichen Aspekten legt das vorliegende Buch, das 1898 erstmals erschienen ist und seitdem nichts von seiner Aktualität eingebüßt hat, beredtes Zeugnis ab.

In einer Zeit, in der Menschen zunehmend nach Sinn und Sicherheit suchen, hat das Hufeisen als Kraftobjekt eine erneute Bedeutung erlangt. Es erinnert uns daran, dass Glück und Schutz nicht nur durch moderne Technologien oder wissenschaftliche Erkenntnisse gefunden werden können, sondern auch durch den Glauben an die Kraft der Zeichen und die Traditionen unserer Vorfahren. In diesem Sinne ver bindet es uns mit einer langen Geschichte des Vertrauens in das Übernatürliche und das Magische, während es uns gleichzeitig in unserer heutigen Welt begleitet.

Es ist also nicht nur ein Relikt der Vergangenheit, sondern auch ein lebendiges Symbol, das uns daran erinnert, dass Glück etwas ist, das wir aktiv suchen und kultivieren können. Es zeigt zugleich, dass Sinnbilder eine tiefe und anhaltende Bedeutung in unserem Leben haben können, indem sie uns mit unserer Geschichte rückverbinden und uns Orientierung und Hoffnung für die Zukunft bieten. – In diesem Sinne bildet es eine Brücke zwischen Vergangenheit und Gegenwart.

In einer Welt, die oft von Unsicherheit und Veränderung geprägt ist, bleibt das Hufeisen ein Zeichen der Beständigkeit und des Vertrauens in das Positive. Es ermutigt uns, an die Möglichkeit von Glück und Schutz zu glauben, und erinnert uns daran, dass die Symbole, die uns umgeben, eine tiefe und dauerhafte Kraft besitzen können. Indem wir diese Zeichen verstehen und schätzen, können wir ein tieferes Gefühl von Verbindung und Sinn in unserem Leben finden.

*Frank-Daniel Schulten, Juli 2024.*

**Bildnachweis:**

S. 7: Pixabay, by: Alicja.
S. 22: Pixabay, by: Vika Glitter.
S. 27: Pixabay, by: Viscious Speed.
S. 89, 128, 140, 147, 160: Wikipedia, gemeinfreie Bilder.

S. 11, 20, 30, 32, 35, 77, 97, 106, 154: Kärcher, Karl: *Handzeichnungen von Karl Kärcher zu dessen Mythologie und Archäologie des klassischen Alterthums,* Karlsruhe 1825.

S. 13, 38, 41, 45, 104: Jessen, Peter: *Die nothwendigsten Huf- und Klaueneisen, und die Hauptregeln beim Hufbeschlage : Als Erläuterung zu der von dem stellvertretenden Lehrschmied Carl Friedrich Arndt angefertigten Sammlung von Muster-Hufeisen*, Dorpat 1853.

S.15, 110, 113: Pitcher, B.*: Das Pferd: Ein Buch für das Volk, enthaltend die praktischen Erfahrungen nach jeder Richtung hin, die ein Hufschmied in siebenunddreissigjähriger Tätigkeit gesammelt*; Chicago 1880.

S. 70: Christy, Miller: *The trade signs of Essex : a popular account of the origin and meanings of the public house & amp; other signs now or formerly found in the county of Essex*, Chelmsford 1887.

S. 121,123: Larwood, Jakob/Camden, John: *The History of Signboards*, London 1866.

Alle anderen Abbildungen stammen aus historischen Originalkupferstichen bzw. Holzschnitten aus der Sammlung Daniel Hornfisher.

## Zu dieser Ausgabe:

An manchen Stellen wurde der Originaltext zur besseren Lesbarkeit und zum besseren Verständnis im Zuge der Übersetzung leicht überarbeitet, ohne dies einzeln kenntlich zu machen. Anmerkungen in eckigen Klammern stammen vom Übersetzer. Die Literaturangaben in den originalen Fußnoten wurden in Endnoten umgewandelt. Dies gilt auch für bibliographische Verweise innerhalb des Textes, um den Lesefluss nicht zu hemmen. Daher weist diese Übersetzung eine andere Notenzählung als das Original auf. Fußnoten des gegenwärtigen Herausgebers wurden stets namentlich gekennzeichnet. Fehler des Originals wie „Wexico“ statt „Växjö“ oder „Sodre See“ statt „Södra Bergundasjön“ haben wir stillschweigend korrigiert.

## Endnoten


[1] Archæologia, vol. iii. 1775.
[2] John Kitto, D. D., Cyclopædia of Biblical Art.
[3] John Beckman, A History of Inventio
[4] Carmen XVIII. 26.
[5] Suetonius: “Soleis mularum argenteis.
[6] Pliny: “Jumentis suis soleas ex auro induere.”
[7] Fosbroke, Dictionary of Antiquities.
[8] Knight’s Mechanical Dictionary.
[9] Alexander Adam, LL. D., Roman Antiquities.
[10] Archæologia, vol. xlvii.
[11] Scribner’s Magazine, November, 1894.
[12] John Beckman, A History of Inventions.
[13] Fosbroke, Archæologia, vol. iii.
[14] Notes and Queries, series 3, vol. v. 1864.
[15] Leicestershire and Rutland Notes and Queries, vol. i. 1889-91.
[16] Margaret G. Finch, The History of Oakham Castle. Oakham, 1897.
[17] Chambers’ Journal, March 10, 1866.

[18] Bd. ii. S. 303.
[19] Cameron's Across Africa.
[20] W. Crooke, B. A., North Indian Folk-Lore.
[21] Clara Erskine Clement, Naples.
[22] Neapel 1832.
[23] George Borrow, The Zincali.
[24] A. Certeux and E. Henry Carnoy, L'Algérie traditionnelle, tome i. p. 159.
[25] Folk-Lore, June, 1896, S. 148.
[26] Lieutenant-Colonel N. Prejevalsky, Mongolia, vol. ii. S. 207.
[27] William M. Thomson, D. D., The Land and the Book.
[28] S. S. Thorburn, Bannú.
[29] Sir John Bowring, F. R. S., The Kingdom and People of Siam, vol. i. S. 145.
[30] Clara Erskine Clement, Naples.
[31] Elworthy, Evil Eye, S. 261.
[32] Popular Science Monthly, November, 1896.
[33] Bd. xv., 1886.
[34] Goblet D'Alviella, La migration des symboles, S. 25.
[35] Rennell Rodd, The Customs and Lore of Modern Greece. 1892.
[36] Revue des traditions populaires, tome viii. 1892.
[37] Mélusine, tome viii. No. 4. 1896.
[38] M'Clintock and Strong's Cyclopædia, art. "Head-Dress."
[39] Lucy M. J. Garnett, The Christian Women of Turkey.
[40] L'Algérie traditionnelle, tome i. S. 159. 1884.
[41] H. Clay Trumbull, The Threshold Covenant, S. 74.
[42] Folk-Lore, March, 1898, S. 10.
[43] Mélusine, tome viii. No. 3. 1896.
[44] L'Algérie traditionelle, tome i. S. 159. 1884.
[45] Richard Folkard, Jr., Plant-Lore.
[46] London, 1828.
[47] Rev. Timothy Harley, Moon-Lore, S. 192.
[48] London, 1895.
[49] Jesaja iii. 18.
[50] Cornhill, March, 1877.
[51] Thomas Inman, M. D., Ancient Faiths embodied in Ancient Names.
[52] Barclay V. Head, Historia Numorum. Oxford, 1887.
[53] A Dictionary of Roman Coins. London, 1889.
[54] Gentleman's Magazine, vol. 84. 1814.

[55] Popular Science Monthly, November, 1895.
[56] Journal of the Anthropological Institute of Great Britain and Ireland, vol. 19. 1890.
[57] Bernard de Montfaucon, L'antiquité expliquée.
[58] Ph. Charles Berjean, The Horses of Antiquity, Middle Ages, and Renaissance. London, 1864.
[59] Theodore Andrea Cook, B. A., Old Touraine.
[60] Professor C. H. Rochholz, Alt-deutsches Bürgerleben.
[61] Richard Folkard, Jr., Plant-Lore.
[62] Laisnel de la Salle, Croyances et legendes du centre de la France. Paris, 1875.
[63] Merlin, Book of Charms.
[64] William A. Craigie, M. A., Scandinavian Folk-Lore, S. 396.
[65] Rudolph Keyser, The Religion of the Northmen, S. 299.
[66] Popular Science Monthly, vol. 44. 1894.
[67] Dr. Karl Sittl, Archäologie der Kunst, S. 210. 1895.
[68] Edward B. Tylor, LL. D., Primitive Culture.
[69] William S. Walsh, Handy Book of Literary Curiosities.
[70] Rev. Justus Doolittle, Social Life of the Chinese.
[71] Rennell Rodd, S. 165.
[72] William George Black, Folk-Medicine. London, 1883.
[73] J. B. Friedrich, Die Symbolik und Mythologie der Natur.
[74] F. Nork, Mythologie der Volkssagen und Volksmärchen. Stuttgart, 1848.
[75] Paul Sébillot, Légendes et curiosités des métiers.
[76] The Folk-Lore Journal, vol. vii. 1889.
[77] Jacob Larwood and John C. Hotten, The History of Signboards.
[78] William Mackay, Urquhart and Glenmoriston, S. 434.
[79] Daniel Wilson, The Archæology and Prehistoric Annals of Scotland.
[80] Thomas Keightley, The Fairy Mythology, S. 352.
[81] F. S. Bassett, Sea Phantoms.
[82] James W. Mackinlay, Folk-Lore of Scottish Lochs and Springs, S. 6.
[83] William Jones, Credulities Past and Present.
[84] Giuseppe Pitré, Usi e costumi, credenze, e pregiudizi del popolo Siciliano. Palermo, 1889.
[85] A. Wuttke, Der deutsche Volksaberglaube, S. 92.
[86] Cornhill, N. S. vol. xix. 1892.
[87] Dr. H. Ploss, Das Kind in Brauch und Sitte der Völker, S. 122.
[88] A. Wuttke, Der deutsche Volksaberglaube, S. 336.

[89] Natural History, book xxviii. ch. 81.
[90] Dr. G. Lammert, Volksmedizin in Bayern, S. 120.
[91] Campbell.
[92] W. Crooke, B. A., Popular Religion and Folk-Lore of Northern India.
[93] Letter to the writer from H. Clay Trumbull.
[94] The Folk-Lore Journal, vol. vi. S. 77.
[95] Jones and Kropf, Folk-Tales of the Magyars, S. 410, note.
[96] Thomas Keightley, The Fairy Mythology, S. 148.
[97] Moise Schuhl, Superstitions et coutumes populaires du Judaisme.
[98] John Gregorson Campbell, The Fians, S. 52.
[99] Mitteilung von Fräulein Helene Raff.
[100] L'Initiation, 19e volume, April, 1893.
[101] J. C. Brown, LL. D., People of Finland in Archaic Times, S. 112.
[102] W. A. Craigie, Scandinavian Folk-Lore.
[103] T. F. Thiselton Dyer, M. A., British Popular Customs, S. 424.
[104] Mélusine, tome iv. S. 367.
[105] R. G. Haliburton, The Dwarfs of Mount Atlas.
[106] Dr. Ludwig Beck, Die Geschichte des Eisens, S. 879.
[107] A. Wuttke, Der deutsche Volksaberglaube, S. 263.
[108] Für diese Legende und für andere Informationen über die Traditionen und Bräuche der bayerischen und tirolerischen Bauernschaft ist der Autor Fräulein Helene Raff aus München zu Dank verpflichtet.
[109] Crooke, S. 199.
[110] Gregor, Scotch Folk-Lore, S. 45.
[111] S. 187.
[112] E. Daumas, The Horses of the Sahara, pS. 150 et seq.
[113] Rev. James Macdonald, Religion and Myth, S. 92.
[114] Dr. O. Schrader, Prehistoric Antiquities.
[115] Richard Andree, Ethnographische Parallelen und Vergleiche, S. 155.
[116] Chambers' Encyclopædia.
[117] Banier, Mythology, vol. ii. S. 570.
[118] Brinton, Religions of Primitive Peoples, S. 142.
[119] Henry Yule, Cathay and the Way Thither.
[120] Gentleman's Magazine, vol. 281, S. 514. 1896.
[121] The Comical Pilgrim's Pilgrimage into Ireland, 1723, S. 92.
[122] Dyer, British Popular Customs, S. 322.
[123] W. K. Kelly, Curiosities of Indo-European Tradition and Folk-Lore, S. 48.

[124] Campbell, S. 24.
[125] Campbell, S. 318.
[126] L. Maria Child, The Progress of Religious Ideas, vol. i. S. 276.
[127] Theophilus Hahn, Ph. D., Tsuni-Goam, S. 77.
[128] The Werner Company, Art Treasures from the World's Fair. Chicago, 1895.
[129] All the Year Round, N. S. vol. xxxix. 1887.
[130] Indian Antiquary, vol. xv. 1886.
[131] Cornhill Magazine, vol. xix. 1869.
[132] E. G. Squier, A. M., The Serpent Symbol.
[133] Sir John Lubbock, The Origin of Civilization.
[134] Marc Monnier, Les contes populaires en Italie.
[135] Grosses Universal Lexicon.
[136] Astley, Collection of Voyages.
[137] Dr. Friedrich S. Krauss, Sréca, Glück und Schicksal im Volksglauben der Südslaven. Wien, 1886.
[138] A. W. Buckland, St. Paul's Magazine, vol. i. 1874.
[139] Amer. Antiq., vol. xviii. S. 141. 1896.
[140] Lucy M. J. Garnett, The Christian Women of Turkey.
[141] Popular Science Monthly, vol. 35. 1889.
[142] Mélusine, tome viii. No. 2. 1896.
[143] The Myths of the New World, S. 132.
[144] Bd. II, S. 63.
[145] Bd. i. S. 141.
[146] John Newton, Notes and Queries, 7th series, vol. iii. April, 1887.
[147] W. Crooke, B. A., Popular Religion and Folk-Lore of Northern India.
[148] Jacob Grimm, Deutsche Mythologie.
[149] Friedrich Creuzer, Symbolik und Mythologie der alten Völker, vol. iv. S. 380.
[150] Das Kloster, vol. ix. S. 97.
[151] Friedrich, S. 454.
[152] L. Austine Waddell, M. B., The Buddhism of Tibet, S. 413.
[153] Campbell, S. 457.
[154] Schuyler, Turkistan, S. 30.
[155] Mélusine, tome viii. No. 1, S. 17. 1896.
[156] Max Jähns, Ross und Reiter, i. 371.
[157] Ulster Journal of Archæology, vol. vii. S. 69.
[158] Cornhill Magazine, article on "Comparative Folk-Lore," vol. lxxvi.
[159] Thomas A. Wise, M. D., History of Paganism in Caledonia.

[160] Mallet, Northern Antiquities, S. 154.
[161] Gentleman's Magazine, vol. 278, S. 417. 1895.
[162] Mitteilung von Fräulein Helene Raff.
[163] Professor Dr. Sepp, Die Religion der alten Deutschen, S. 340. 1890.
[164] Jähns, i. pS. 294-296.
[165] Wuttke, S. 185.
[166] Wuttke, S. 423.
[167] 1890, S. 156.
[168] Richard Andree, Braunschweiger Volkskunde, S. 128.
[169] Grimm, vol. i. S. 47.
[170] S. Baring-Gould, M. A., Strange Survivals.
[171] J. Scheible, Das Kloster, Band ix. S. 101; Thomas Carlyle, Early Kings of Norway, S. 8.
[172] Dr. Karl Weinhold, Altnordisches Leben, S. 145. 1856.
[173] Brand, vol. ii. S. 664.
[174] Mitteilung von Fräulein Helene Raff.
[175] J. B. Friedrich, Die Symbolik und Mythologie der Natur.
[176] E. Rolland, Faune populaire de la France, tome iv.
[177] C. G. Leland, Gypsy Sorcery.
[178] Gerald Massey, A Book of Beginnings.
[179] Folk-Lore, vol. iv. S. 6. 1893.
[180] Mélusine, tome viii. No. 1, S. 17. 1896.
[181] Professor Dr. Sepp, Die Religion der alten Deutschen, S. 263. 1890.
[182] Jähns, vol. i. S. 373.
[183] Das Buch der ritterlichen Reutterkunst.
[184] Heinrich von Wlislocki, Aus dem Volksleben der Magyaren, S. 9, 10.
[185] Heinrich von Wlislocki, Volksglaube und religiöser Brauch der Zigeuner.
[186] M'Clintock and Strong's Encyclopædia, art. "Shamanism;" E. B. Tylor, Primitive Culture, vol. ii. S. 142.
[187] 1888, Bd. iii., S. 19.
[188] Gentleman's Magazine. 1867.
[189] Rev. T. Thiselton Dyer, Domestic Folk-Lore.
[190] Museum of Foreign Literature, vol. xxvi. 1835.
[191] The Rev. E. Cobham Brewer, LL. D., Dictionary of Phrase and Fable.
[192] Robert Ford, Thistledown.
[193] „Wife of Bath's Tale", i. 28.
[194] Boston Transcript, May 9, 1898.

195 Turner's Anglo-Saxons.
196 John Brooks Felton, The Horse-Shoe, a Poem. Cambridge, 1849.
197 S. 455, London 1834.
198 James Napier in Folk-Lore.
199 H. Clay Trumbull, The Threshold Covenant, Kapitel i.
200 Ralston, Songs of the Russian People, S. 136.
201 Bonami, Nineveh and its Palaces, S. 159.
202 S. 43, London, 1854.
203 Popular Science Monthly, vol. 44, S. 520. February, 1894.
204 C. G. Leland, Etruscan Roman Remains, S. 282.
205 Petersen, Hufeisen, S. 7.
206 Waddell, S. 484.
207 Edmond O'Donovan, The Merv Oasis, vol. ii. S. 141.
208 A. Featherman, Social History of Mankind.
209 Rev. Charles Rogers, D. D., Social Life in Scotland, vol. iii. S. 229.
210 Robert Ford, Thistledown, S. 262.
211 Gregor, Scotch Folk-Lore.
212 A. Wuttke, Der deutsche Volksaberglaube, Berlin, 1869.
213 Robert Thorne, M. A., A Dictionary of Rare and Curious Information.
214 The Denham Tracts.
215 Fortnightly Review.
216 Sidney Oldall Addy, M. A., Household Tales, 1895.
217 In der Zeitschrift „St. Nicholas" (April 1897).
218 Edward W. B. Nicholson, M. A., Golspie, Edinburgh, 1897.
219 Notes and Queries, 5th series, vol. ix. S. 65, January, 1878.
220 Rev. James Macdonald, Religion and Myth, S. 92.
221 Novellenzeitung, sechster Jahrgang, No. 51, S. 812.
222 Seite 138.
223 1898, S. 665.
224 C. G. Leland, Etruscan Roman Remains.
225 1705.
226 Thomas A. Wise, M. D., History of Paganism in Caledonia.
227 The Scottish Gallovidian Encyclopædia, London, 1824.
228 Petersen, Hufeisen, S. 8.
229 Camden's Britannia.
230 Thorpe's Northern Mythology.
231 Bd. II, 1887.

[232] London, 1873.
[233] London, 1865.
[234] Francis Parry, F. R. G. S., The Sacred Symbols and Numbers of Aboriginal America in Ancient and Modern Times.
[235] London, 1883.
[236] 1888.
[237] The American Antiquarian, vol. xii. S. 356; vol. xiii. S. 58.
[238] Pagan Ireland, S. 492.
[239] Leopold Wagner, Manners, Customs, and Observances.
[240] S. H. Killikelly, Curious Questions.
[241] Leicestershire and Rutland Notes and Queries, vol. ii. 1891-93.
[242] Grimm, S. 34.
[243] J. Scheible, Das Kloster, vol. ix. S. 422.
[244] Arnold Frost, The Ballad of the Wind, the Devil, and Lincoln Minster. Lincoln, 1897.
[245] J. W. Wolf, Beiträge zur deutschen Mythologie, S. 91.
[246] Ignaz V. Zingerle, Sitten, Bräuche und Meinungen des Tiroler Volkes. Innsbruck, 1857.
[247] Herman Schmid and Karl Stieler, The Bavarian Highlands and the Salzkammergut.
[248] Anton Birlinger, Sagen, Legenden und Volksaberglauben, vol. i. S. 49.
[249] Belgravia, vol. iv. 1887.
[250] Yule-Tide Stories, edited by Benjamin Thorpe, London, 1853.
[251] J. Scheible, Das Kloster.
[252] Thorpe's Northern Mythology, vol. ii. S. 190.
[253] Ernst Meier, Deutsche Sagen, Sitten und Gebräuche aus Schwaben. Stuttgart, 1852.
[254] Friedrich Panzer, Bayerische Sagen und Bräuche, vol. i. S. 127.
[255] Cyclopædia of Arts, Philadelphia.
[256] F. Allègre, Étude sur la déesse grecque Tyché, Paris, 1889.
[257] Plutarch's Opinions of Philosophers.
[258] Lyon, Nouveau dictionnaire historique. 1804.
[259] History of Rome.
[260] George Crabb, English Synonymes.
[261] Andrew Tooke, A. M., The Pantheon. Dublin, 1792.
[262] Anthon's Classical Dictionary.
[263] F. Noel, Dictionnaire de la fable. Paris, 1803.

[264] P. Galtruchius, History of the Heathen Gods. 1671.
[265] Daniel Watson, A. M., A History of the Gods and Goddesses.
[266] Plutarch's Roman Questions.
[267] Roscher, Lexicon der griechischen und römischen Mythologie, S. 1523.
[268] The Antiquarian Repertory, vol. iv. S. 256. London, 1784
[269] Basil H. Chamberlin, Things Japanese.
[270] L. Austine Waddell, B. A., The Buddhism of Tibet, S. 512.
[271] Mythology and Monuments of Ancient Athens.
[272] Rodolfo Lanciani, Pagan and Christian Rome.
[273] Thomas Wright, The Celt, the Roman, and the Saxon.

**David Garrick/Frank-Daniel Schulten**

# TOM

## Leben und Abenteuer eines Katers
## Der erste Katzenroman der Weltliteratur

Dies ist die Geschichte des Katers Tom und der Menschen, denen er in seinem Leben begegnet. Im brodelnden London des 18. Jahrhunderts erlebt er seine Abenteuer: Er landet im Gefängnis, lernt dort einen Wegelagerer kennen, und er wird gezwungen, auf dem Jahrmarkt aufzutreten. Tom hat unzählige Liebschaften, er kämpft siegreich in einer Schlacht und brennt rebellisch das Haus eines Mausefallenfabrikanten nieder.

Dieses Buch ist der erste Katzenroman der Weltliteratur, der Urvater aller Katzenkrimis und aller anderen Katzengeschichten. Es ist auch der Grund, warum alle Kater im Englischen *„tomcat"* genannt werden: Sie sind nämlich benannt nach dem Romanhelden. Es ist ein vielschichtiges Werk, voller versteckter Anspielungen auf damalige Ereignisse und zugleich eine zeitlose Liebeserklärung an die Katze. – Ein Klassiker für literarisch anspruchsvolle Katzenfreunde, skurril, satirisch und bizarr. Hier erstmals in deutscher Sprache, reich illustriert mit historischen Katzenbildern.

Mehr als 250 Jahre war es ein Geheimnis, wer diesen Kurzroman geschrieben hat. In einer spannenden detektivischen Spurensuche enthüllt der zweite Teil, dass der anonyme Autor des Buches David Garrick ist. Er war der berühmteste Schauspieler und Intendant des 18. Jahrhunderts, der mit seiner völlig neuartigen, natürlichen Spielweise die moderne Schauspielkunst begründete und seiner Zeit in jeder Hinsicht weit voraus war.

Das Vorbild für den Romanhelden ist vermutlich Hodge gewesen, der prominenteste Kater des 18. Jahrhunderts. Sein Denkmal steht noch heute in London.

*Ca. 208 Seiten, Paperback, ISBN: 978-3-932961-66-3.*

# *Gesundheit für Mensch und Pferd!*

*Michael Blumert & Dr. Jialiu Liu:*

## Jiaogulan
## „Chinas Pflanze der Unsterblichkeit"

*„Wie Ginseng. – Nur viel, viel besser!"*

In abgelegenen Regionen Chinas gibt es Gegenden, in denen die Bewohner außergewöhnlich alt werden. Dabei erfreuen sie sich stets bester Gesundheit. Krebs, Herz-Kreislaufprobleme und viele andere Krankheiten sind kaum bekannt. Man führt diesen Effekt darauf zurück, dass die Einheimischen täglich eine bestimmte Wildpflanze zu sich nehmen. Ihr Name lautet Jiaogulan.

Zahlreiche wissenschaftliche Forschungen bestätigen: Dieses unscheinbare Kraut besitzt außerordentliche vorbeugende, verjüngende und heilende Eigenschaften. Jiaogulan ist unter anderem besonders reich an Saponinen. Diese Substanzen sind auch die Hauptwirkstoffe des Ginsengs. Während im Ginseng jedoch lediglich 28 verschiedene Saponine nachgewiesen sind, verfügt Jiaogulan über die beeindruckende Menge von 82 dieser wertvollen Inhaltsstoffe! – Einige davon sind sogar völlig identisch mit denen des Ginsengs!

Dieses Buch beschreibt Geschichte und Anwendung dieser kostbaren Pflanze. Besonderer Wert wird auf die ausführliche Darstellung wissenschaftlicher Studien gelegt. Sie beweisen nämlich eindeutig: Jiaogulan heilt zahlreiche Krankheiten und stärkt das Immunsystem. Er ist zugleich ein wunderbares Anti-Aging-Mittel. Er verlangsamt den Alterungsprozess und hält den Körper gesund und fit bis ins hohe Alter. Darüber hinaus steigert Jiaogulan die physische Leistungsfähigkeit. Deswegen wird er bereits von vielen Sportlern verwendet, die ihre Fitness damit deutlich verbessern!

In einem speziellen Kapitel zeigt Heilpraktiker Weicker, wie man Jiaogulan mit Ling Zhi kombinieren und täglich einnehmen kann. So verstärken beide Pflanzen ihre Wirkung sogar gegenseitig!

*ISBN: 9783932961-33-5. Ca. 136 Seiten, Paperback mit Abbildungen.*

## *Gesundheit für Mensch und Pferd!*

Frank-Daniel Schulten:

# Ling Zhi – König der Heilpilze

### *Der „göttliche Pilz der Unsterblichkeit“*

In der Naturmedizin gilt der Ling Zhi mit seinem großen Wirkungsspektrum als Meisterheilpilz. Er wird vorbeugend eingesetzt, um Geist und Körper jung und vital zu halten. Seine Wirkung bei Bluthochdruck, Nervosität, Diabetes 2, Erschöpfung und Allergien wurde unter dem Namen Ganoderma lucidum intensiv erforscht.

Der Superheld gegen viele Krankheiten und die gute Fee zum Schutz der Gesundheit: Immunstärkend, leistungssteigernd und schmerzlindernd vertreibt dieser Vitalpilz Müdigkeit, entlastet von Schwermetallen, reichert das Blut mit Sauerstoff an und wirkt als natürlicher Schutzschild. In Japan heißt der »Göttliche Pilz der Unsterblichkeit« Reishi. Regelmäßig eingenomen, verlängert er das Leben und beugt zahlreichen Krankheiten vor. Das gilt für Menschen und Tiere gleichermaßen.

*ISBN 978-3-89385-620-6.*

*128 Seiten, Paperback, mit zahlreichen Abbildungen.*

Graf Stefan Colonna Walewski/Daniel Hornfisher

## RÄY
## Russisch-Ägyptisches Yoga

**Die geheimen kaukasischen Übungen der Meister vom Nil: Der Schlüssel zu Gesundheit, Verjüngung, Wunscherfüllung, innerer Kraft und Erleuchtung**

Verborgen im Kaukasus konnten uralte Geheimlehren unverfälscht fortleben. Manche von ihnen haben ihren Ursprung in Alt-Ägypten und stammen aus der Zeit, noch bevor die Pyramiden erbaut wurden. Um das Jahr 1900 wurde der polnische Graf Stefan Colonna Walewski dort in eine solche Tradition eingeweiht. Er hielt sein Wissen in einer geheimnisvollen Handschrift fest, dem legendären *Walewski-Manuskript*, das hier zum ersten Mal in deutscher Sprache erscheint.

Die Kaukasischen Meister-Übungen sind einfach durchzuführen und außerordentlich wirksam. Mit ihrer Hilfe nehmen Sie heilsame, positive Ur-Energien auf und speichern sie gezielt im Körper. Sie erfahren, wie Sie diese Kräfte nutzen,

- Um sich selbst und andere zu heilen;
- Um Ihre Wünsche Wirklichkeit werden zu lassen;
- Um Ihren gesamten Körper und das Blut grundlegend zu verjüngen;
- Um beständige innere Kraft und Harmonie zu erlangen;
- Um unabhängig von negativen Einflüssen und Prägungen zu werden;
- Um mit Leichtigkeit immer höhere Bewusstseinszustände zu erreichen;
- Um im Klartraum verborgenes Wissen zu empfangen;
- Um Ihre natürliche Intuition in allen Lebensbereichen zu wecken;
- Um dauerhaft gesund und energiegeladen zu sein;
- Um Hellsehen und andere paranormale Fähigkeiten zu beherrschen;
- Um reine Lebensenergie in Ihrer Wirbelsäulenflüssigkeit zu speichern;
- Um die Funktion Ihrer Drüsen zu verbessern;
- Um tiefe Meditationszustände zu erfahren;
- Um Schutz vor negativen Energien aufzubauen;
- Um sich mit Ihrem Herzzentrum zu verbinden;
- Um Ihr wahres Selbst auszudrücken u.v.m.!

*Paperback, 196 Seiten, ISBN: 978-3-932961-64-9.*

Frank-Daniel Schulten (Hrsg.)

# Magischer Untersberg

## Sagen, Mythen, Geschichten, Bräuche und Prophezeiungen rund um Europas geheimnisreichsten Berg

Man nennt ihn den „Wunderberg", „Europas einzigen Seelenberg" oder bezeichnet ihn gar als das „Herz-Chakra der Erde": Der Untersberg ist wie kein zweiter Höhenzug in Deutschland und Österreich von Sagen, Mythen und Geheimnissen umrankt.

Hier tummeln sich Ahnengeister, Zwerge, Moosleute, Riesen und Wilde Frauen. Im Dunkel der Nacht kann man die Wilde Jagd vernehmen oder der Nachtsennerin begegnen, die so hässlich ist, dass man danach nie wieder lachen wird.

Währenddessen warten in seinen Tiefen Monarchen wie Karl der Große darauf, wieder auf die Erde zurückzukehren.

In diesem Buch hat Bestseller-Autor Frank-Daniel Schulten zum ersten Mal alle klassischen Sagen, Mythen und Prophezeiungen rings um den Untersberg zusammengetragen. Sie stammen aus zahlreichen uralten Büchern und Manuskripten. Aber auch ganz aktuelle Erzählungen ergänzen diese Gesamtschau der Geheimnisse jenes wundersamen Berges.

*Ca. 200 Seiten, mit zahlreichen Illustrationen. Paperback.*
*ISBN: 978-3-932961-85-4.*

**Anton Franz Ritter von Perger/Frank-Daniel Schulten**

# *Deutsche Kräutersagen und Baumsagen*

Pflanzen schenken uns Nahrung, Heilung, Schutz und Rausch. Deswegen werden manche verehrt, andere sind gefürchtet. In den unzähligen Überlieferungen, die sich um die Kräuterwelt ranken, zeigt sich dies sehr deutlich. Deutschland, Österreich und die Schweiz sind ganz besonders reich an solchen Traditionen.

Anton Franz Ritter von Perger (1809-1876) sammelte alle Informationen, die er über die deutschsprachigen Bräuche und Erzählungen rund um das Pflanzenreich finden konnte und rettete sie mit diesem Werk vor dem Vergessen. So schuf er nicht nur einen der schönsten Sagenbuchklassiker, sondern zugleich ein Kräuterbuch der ganz besonderen Art.

In ihm werden die guten und bösen Pflanzengeister lebendig. Jahreszeitliche Orakel, heilende und zauberische Rituale sowie längst verschollene Vegetationsfeste zeigen die tiefe Verbindung, die zwischen Mensch und Pflanze besteht.

*Paperback. 296 Seiten. ISBN: 978-3-932961-53-3.*